中国可转债投资手册

庖丁解牛 | 深入浅出 | 理解转债投资核心逻辑

CHINA CONVERTIBLE BOND INVESTMENT MANUAL

刘郁　田乐蒙◎著

中国经济出版社
CHINA ECONOMIC PUBLISHING HOUSE
·北 京·

图书在版编目（CIP）数据

中国可转债投资手册／刘郁，田乐蒙著．--北京：中国经济出版社，2021.9 （2022.7 重印）

ISBN 978-7-5136-6639-8

Ⅰ．①中… Ⅱ．①刘… ②田… Ⅲ．①证券投资-中国-手册 Ⅳ．①F832.51-62

中国版本图书馆 CIP 数据核字（2021）第 187894 号

责任编辑　陈　瑞
责任印制　马小宾
封面设计　任燕飞

出版发行　中国经济出版社
印 刷 者　北京柏力行彩印有限公司
经 销 者　各地新华书店
开　　本　710mm×1000mm　1/16
印　　张　15
字　　数　200 千字
版　　次　2021 年 9 月第 1 版
印　　次　2022 年 7 月第 3 次
定　　价　69.00 元
广告经营许可证　京西工商广字第 8179 号

中国经济出版社　**网址** www.economyph.com　**社址** 北京市东城区安定门外大街 58 号　**邮编** 100011
本版图书如存在印装质量问题，请与本社销售中心联系调换（联系电话：010-57512564）

序 PREFACE

在这些年的债市研究中，我们见证了可转债从一个名不见经传的新兴品种，迅速崛起为国内债市的闪耀明星，并且已经成为固收类产品决胜收益的关键工具。截至2021年8月，国内公募可转债市场规模已经超过6000亿元，各类“固收+”基金、保险、券商等专业投资者纷纷将其作为重要的投资选择。同时，对于个人投资者而言，转债的“打新”机会也逐渐成为大家津津乐道的话题。

然而，对于新入市的投资者而言，要真正理解转债的运行逻辑其实并不简单。由于转债身处股、债和衍生品的交汇之处，在构成上同时包含了固收、权益和期权等诸多特性，各类条款相互穿插，定价思路十分复杂。同时，由于国内市场的独特环境，转债并非简单符合套利定价和B-S公式情景的完全衍生品，导致海外相对成熟的定价模型也无法在国内直接套用，而是需要结合市场特征做到“因地制宜”，这对投资者的市场认知程度提出了很高要求。

因而，转债的入门学习过程往往体验并不友好，可参考的相关书籍也常常或是缺乏专业深度，或是缺乏国内市场的适用性，而专业性较强的证券研究报告，在易读性上时常存在门槛，从而使得转债学习演变为“从入门到放弃”。

针对上述难题，我们需要在这一复杂过程中抽丝剥茧、庖丁解牛，用具备深度且足够易懂的文字，厘清转债投资的主线。于是，作者结合多年以来奋战学术圈和二级市场的经验，在超过百篇转债专业研究报告写作的积累下，历时近两年，将国内可转债市场的每一项特性都转化为易于读者理解——但专业度决不妥协的文字，希望能帮助更多读者真正理解转债投资的核心逻辑。

全书共分为三大主要部分，分别是转债的基础知识、进阶知识和实战策略。基础知识部分，本书横跨转债的股债双重性，从一只新券如何诞生，到一只老券如何谢幕；从国内第一只转债发行，到当前市场的全新挑战，全面勾勒出国内转债市场的框架全景。进阶知识部分，从20世纪60年代的第一代定价技术开始，完整回顾了转债定价研究的硬核进化史，并在此基础上构建了具有投资指导价值的转债估值指标。实战策略部分，详细盘点了当前各类专业投资机构的“十八般武艺”及使用场景，并特别介绍了如何利用机器学习技术构建量化择券策略。此外，作者还详细整理了从业以来遇到的各种难题，在“小贴士”部分逐一解决读者可能遇到的各类问题。

本书的完成，要感谢诸多来自市场和学术界的认同与宝贵意见。感谢广发证券马松博士对全书内容的审阅与修订，感谢西南财经大学杨冬老师、刘震博士对数理定价模型相关内容的技术指导，感谢滑铁卢大学博士生张嘉月对机器学习部分程序实现的帮助。此外，特别感谢广发证券的李兴总、张岚总、吕洁总等为我们提供了一个稳定而相对宽松的研究环境，让我们专注于研究本身，并以此为乐。

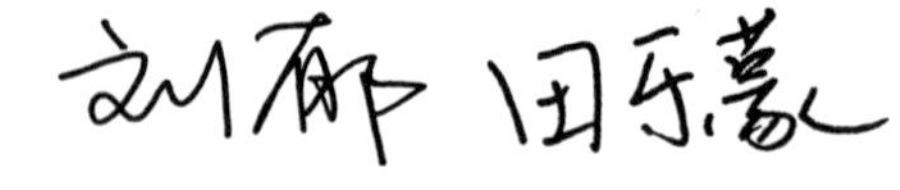

2021年9月15日

目 录 CONTENTS

一、初识转债真面目 ………………………………………………… 001

（一）转债是一种什么样的产品 ………………………………… 003

（二）转债的基本要素及条款说明 ……………………………… 007

（三）转债的价格分析方法以及常用指标说明 ………………… 018

小贴士：一些值得关注的细节问题 …………………………… 028

二、中国可转债简史 ………………………………………………… 031

（一）看似新兴市场，实则历史悠久 …………………………… 033

（二）市场发展“三部曲”——从初次试水到快速成长……… 034

（三）结语——下一步，黄金时代 ……………………………… 066

小贴士：值得关注的细节问题 ………………………………… 067

三、一只新券的诞生之路………………………………………… 069

（一）一只新券如何诞生 ………………………………………… 071

（二）转债打新指南 ……………………………………………… 076

（三）打新之后——新券上市首日同样关键 ………………… 086

小贴士：一些值得关注的细节问题 …………………………… 088

四、一只转债老券的谢幕之旅 …………………………………… 091

（一）转债可通过哪些方式完成生命周期 …………………… 093

（二）顺利促成转股：众望所归，皆大欢喜 …………………… 096
（三）何种情形会导致转股无法顺利完成 …………………… 101
（四）结论：关注非转股退出标的的启示 …………………… 106
小贴士：一些值得关注的细节问题 …………………… 108

五、转债定价方法进化史 …………………… 109

（一）研究起点：漫长摸索中迈出的第一步 …………………… 111
（二）研究转折：B-S 公式的出现 …………………… 113
（三）研究发展：B-S 方法的拓展、二叉树、LSM …………………… 119
（四）总结：重要的不是结论，而是加深认识转债产品的过程 … 130
小贴士：关于方法误差和改进的一些疑问 …………………… 131

六、转债市场参与者行为大盘点 …………………… 133

（一）哪些机构是转债市场的主要参与者 …………………… 135
（二）市场参与者的结构变迁 …………………… 140
（三）公募基金：聚焦重点分类及转债基金 …………………… 145
小贴士：一些值得关注的细节问题 …………………… 157

七、如何利用机器学习方法构建转债择券模型 …………………… 159

（一）为何要在转债研究中尝试引入机器学习方法 …………………… 161
（二）方法介绍：随机森林、XGBoosting 和支持向量机 …………………… 163
（三）回测流程介绍 …………………… 174
（四）结果分析 …………………… 176
小贴士：一些值得关注的拓展思路 …………………… 179

八、转债市场策略汇总：从基础到进阶 …………………… 181

（一）基础策略——行走转债市场的常规武器 …………………… 183

（二）局部策略——值得留意的细节机会 …………………… 193
（三）海外套利策略——市场发展中的招式储备 ……………… 199
小贴士：一些值得关注的细节问题 …………………………… 201

九、如何测算历史可比的转债市场估值 ………………………… 203

（一）估值选择的两难：转股溢价率还是隐含波动率 ………… 205
（二）转股溢价率改进的三种思路 …………………………… 209
（三）利用曲线回归手段构造历史可比的估值指标 …………… 214
（四）如何利用新估值指标判断当前转债估值在历史中的位置 … 221
小贴士：一些值得关注的细节问题 …………………………… 226

参考文献 ………………………………………………………… 227

一、初识转债真面目

（一）转债是一种什么样的产品

转债的全称为“可转换公司债券”，顾名思义，是一种可以转换为股票的债券。转债与普通信用债的最大区别在于，其可以按照一定的规则和比率转化为股票（对应的股票通常称为“正股”）。需要注意的是，转债产品的转股权是投资者的一项权利而非义务，投资者既可以选择行使转股权而将手中的转债转换为股票，也可以选择将其作为一只债券持有至到期。

一张转债能够转出的股票数目相对固定，在行使转股权后，其价值相当于以票面金额（即 100 元）为本金，按照事先约定的转股价购买股票，并得到对应数目正股的市场价值。因此转股权的价值本质上可以视为美式看涨期权的价值，这使得转债价格很大程度上受到正股价格左右。此外，我国的转债产品通常还设置赎回条款、回售条款和下修条款等附加条款，而这些条款在不同的正股价格水平下会体现出不同的价值，这也使得转债产品成为一种复杂的衍生品。

总结来看，对于转债产品的初步理解，首先需要关注四个方面特性：①转债仍是一只债券，具有定期支付的票息和本金等基本要素；②转债在转股期限内可以按照一定规则转化为股票，从而获得对应份数正股的价值；③转债通常具有一些附加条款设定，导致其定价更为复杂；④由于转股权的存在，正股走势是决定转债价格的重要因素。

基于转债兼具股债双性的特殊性质，其价格构成可从两个角度进行理解，见图 1。

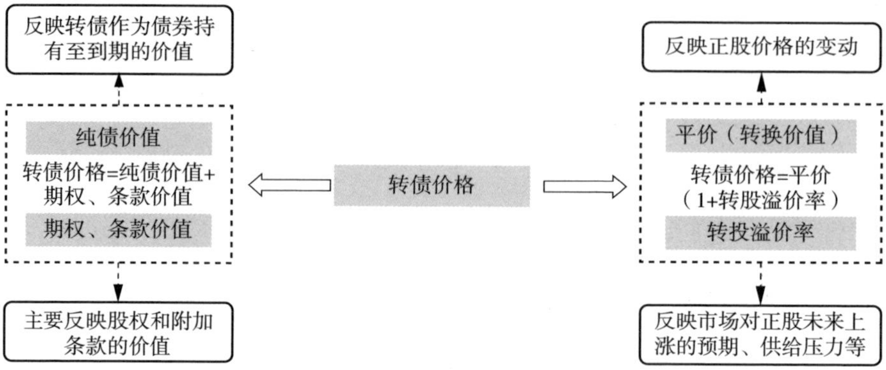

图 1　转债价格的两种拆分方法

（1）由于转债的本质是一张含有期权和条款价值的债券，并且可作为普通信用债持有到期，因此可将转债价格拆分为：以其作为普通债券价值的底价，加上其特有的转股权和附加条款等价值。在这样的定价思路下，转债作为债券的价值通常被称作纯债价值①，而转债市场价格高于纯债价值的部分，反映的则是转股权的期权价值，以及赎回条款、回售条款和下修条款等附加条款的价值。

（2）由于转债在转股期内可随时行使转股权、按照一定比例转换为股票，因此转出股票的市场价值（通常称作平价或转换价值）可以作为转债的另一个底价。而转债市场价格高于平价的部分，则主要反映市场对正股未来上涨空间的预期。需要注意的是，随着市场情绪变化，市场给予正股未来上涨的预期随之改变，转债市场的供需关系等其他外部因素也会影响这一价差。由此，转债价格可拆分为依正股价格决定的平价，以及据市场预期等因素决定的溢价两部分。

理论上，两种价格拆分思路下，转债定价会得到同样的结果，但由于数学方法的局限性以及市场预期的不稳定性等原因，在不同的价格水

① 计算上通常处理为未来现金流贴现，包括未来的票息以及到期赎回金额，贴现率通常采用对应主体信用评级和期限的中债企业债到期收益率。

平下，我们往往会选择误差相对较小的方法对转债价格进行拆分和定价。一般来说，当转债的平价显著高于纯债价值时，采用平价+转股溢价率的分解思路往往更容易得到贴近现实的结果；而在纯债价值显著高于平价的情况下，采用纯债价值+期权、条款价值的思路则更为适宜。具体的分析手段将在后文详细介绍。

当前，我国转债市场处于快速发展阶段，规模增长十分迅猛。截至2020年末，我国存量转债数量达到378只（不含定向转债）、总规模（见图2）5073.9亿元，均创历史最高水平。相对于以往全市场仅有约30只甚至个位数可选标的时期，目前转债市场中行业分布以及可选标的都得到了极大丰富，见图3。

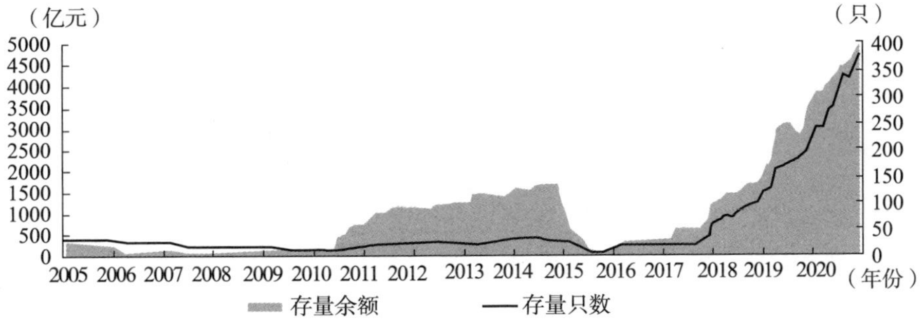

图2　转债市场快速扩容阶段

资料来源：Wind。

对于投资者尤其是债市投资者而言，转债是重要的收益弹性来源。转债得益于转股权带来的类权益属性，其弹性显著超过常规的纯债类产品，意味着债市投资者可利用转债作为间接参与权益市场的工具。同时，相对于权益品种，转债的价格波动通常小于对应正股，并且还具有纯债价值保护等其他稳定特性，从而使得转债在较长时间周期内有着高于正股的夏普比率，对于权益类投资者而言也可作为一种更稳健的投资选择。转债的收益特征与权益品种见图4。

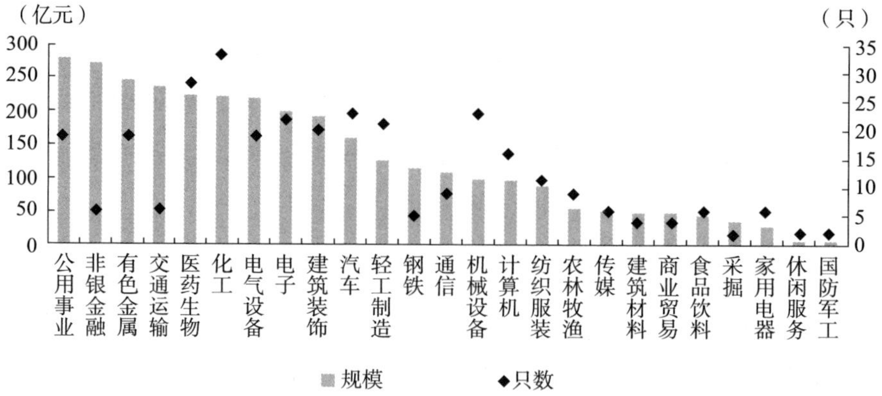

图3　转债市场的行业分布

资料来源：Wind。

注：数据截至2020年12月31日，未包含银行转债。

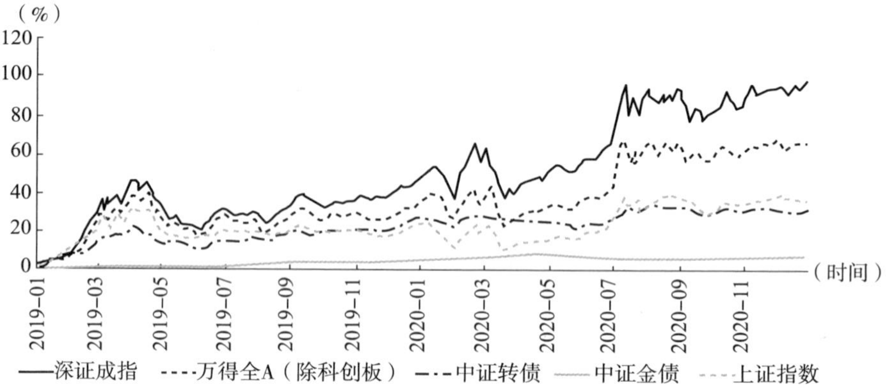

图4　转债的收益特征与权益品种

资料来源：Wind。

对于发行人而言，转债也是一种较为便捷的融资工具。与信用债相比，由于已经为投资者设置了转股条款，转债的融资成本较低，并且在促成转股后无须偿付后续的票息和本金；相对于定增，发行转债同样具有审批流程短以及股权稀释滞后等优势。值得注意的是，为了促成转股，通常需要转债对应的正股价格上行，因此在价格走势上，转债发行人和投资者诉求高度一致。

（二）转债的基本要素及条款说明

在了解了转债产品的基本概念和市场现状后，我们在新接触一只转债时，首先需要关注哪些重点指标和条款呢？从基本要素和条款设置两方面出发，需要重点关注的内容可总结为发行规模、期限、信用评级等基本信息，转股和纯债等基础条款的设置，以及赎回、回售和下修等附加条款的设置。为便于理解，本小节以太极转债作为范例，对上述特性背后的意义进行实例讲解。

图 5 展示了太极转债的条款设置，这是一只 2019 年发行的个券，各方面设置可作为现代转债品种的代表。同时，图 5 中的内容分布是我们建议的个券信息整理方式，尤其是在新券发行时，按照逻辑条理将重点个券信息进行整理，也是最为重要的工作之一。初见表格时难免会感到繁杂，但经过后文的详细讲解，表格中的信息就将一目了然地勾勒出一只转债的基本轮廓。

1. 基本信息：面对一只陌生的转债，首先应该看什么

基本信息方面，首先需要关注的通常是正股信息、发行规模、发行期限和信用评级等。

（1）正股信息。

正股价格是决定转债价格走势的重要因素，因此需要首先对转债的正股建立基本认识，以便后续研究。转债的正股分析方法与权益类证券的行业和公司分析方法基本一致，其中主营业务、行业趋势、竞争格局、上下游关系、营收业绩等都是需要重点研究的因素。

（2）发行规模。

传统意义上转债的发行规模会在一定程度上影响个券的流动性。一方面，转债市场的流动性并不像权益市场一样顺畅，因此市场中具有更高流动性的转债很可能会得到相应的溢价；另一方面，规模较大的转债也有更大的容量，在新券申购和存量债配置过程中获配的额度也可能更高。

转债名称	太极转债	转债代码	128078.SZ	转债的基本要素，包括名称、规模、代码等
正股名称	太极股份	正股代码	002368.SZ	
发行规模	10亿元	所属行业	计算机	
发行方式	本次发行的可转债向股权登记日收市后登记在册的公司原股东优先配售，原股东优先配售后余额部分（含原股东放弃优先配售部分）通过深交所交易系统网上向社会公众投资者发行。本次发行由保荐机构（主承销商）组建承销团承销，本次发行认购金额不足100000.00万元的部分由保荐机构（主承销商）余额包销			转债的发行方式，除原股东的优先配售外，主要关注是否设置网下申购渠道
存续期	6年			发行期限和利率设置，其中期限多为6年，利率设置常为累进利率，票面利率明显低于同等级信用债
票面利率	第一年0.40%、第二年0.60%、第三年1.00%、第四年1.50%、第五年1.80%、第六年2.00%			
初始转股价格	31.61元/股（若在募集说明书公告日前20个交易日内因除权、除息引起股价调整，则需做出相应调整）			转股价决定转债的转股比例（100/转股价），进入转股期后即可行使转股权
转股期间	2020年4月27日至2025年10月21日			
赎回条款	（1）到期赎回：期满后5个交易日内，按债券面值的112%赎回。 （2）有条件赎回：转股期内15/30，130%；未转股票面总金额不足3000万元			到期赎回价格会影响转债的纯债价值；有条件赎回价格决定了转债产品的理论价格上限，通常为130元
回售条款	最后两个计息年度，连续30个交易日收盘价低于股价的70%			通常发行人会极力避免回售的实际发生，下修条款成为重要工具
下修条款	存续期内，15/30，90%			
信用评级	主体：AA；债项：AA；中诚信证券评估有限公司			通常等级和票息、到期赎回价成反比

图5　太极转债的条款设置

资料来源：Wind。

从规模分布来看，当前市场绝大多数存量转债的发行规模均处在10亿元以下区间（截至2020年12月31日）。其中，规模0~5亿元的品种占31%、5亿~10亿元的品种占37%、10亿~20亿元和20亿~100亿元的品种占比分别为16%和14%，而规模100亿元以上的品种仅占2%，见图6。若按照规模对转债流动性的影响进行粗略划分，通常认为发行规模10亿元以下的转债属于典型的小规模品种，规模10亿~20亿元的转债属于中等规模品种，而发行规模20亿元以上的转债则属于大规模品种。

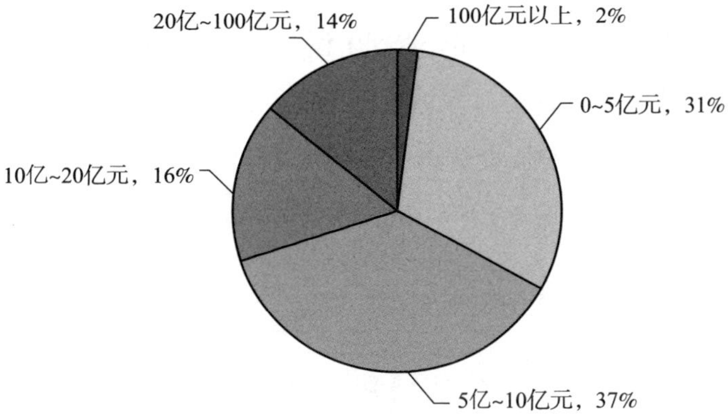

图6　转债发行规模

资料来源：Wind。

注：数据截至2020年12月31日。

需要特别注意的是，银行转债的规模较其他行业明显更大，发行规模100亿元以上的品种通常都是银行转债。银行转债发行规模大，一方面是由于银行本身的体量相对较大，而另一方面更重要的原因则是转债是银行类机构少有的可用于补充核心一级资本的融资工具，当成功促成转股后，转债会以新增股票的形式计入其核心一级资本。因此，虽然规模超过20亿元的转债已属大额品种，但规模超过100亿元甚至200亿元的银行类转债也较为常见。

随着转债市场择券空间的不断扩容，以及市场参与者的逐渐丰富，转债规模效应的影响正逐步减弱。例如，部分热门行业或正股关注度较高的小盘转债亦会得到优于大盘个券的流动性支撑。

（3）发行期限和信用评级。

经过发行人多年来的不断摸索，目前转债的发行期限已相对固定，绝大多数转债的发行期限为 6 年，另有少量转债将期限设置为 5 年，而期限更短的转债品种已经不复存在。6 年的期限设置给了发行人充足的转股时间（目前所有退市转债的平均生命周期不足 3 年）——更短的期限设置意味着留给发行人促成转股的时间较为紧张，因此发行人通常没有选择更短期限的动力。少部分将期限设置为 5 年的品种，可能从侧面反映出发行人对于其在较短时间内促成转股的信心。从投资者角度出发，过长的发行期限又会增加投资者的时间成本和潜在风险，因此在长期的试错和经验累积后，转债发行期限达到了 6 年的“均衡”水平，见图 7。

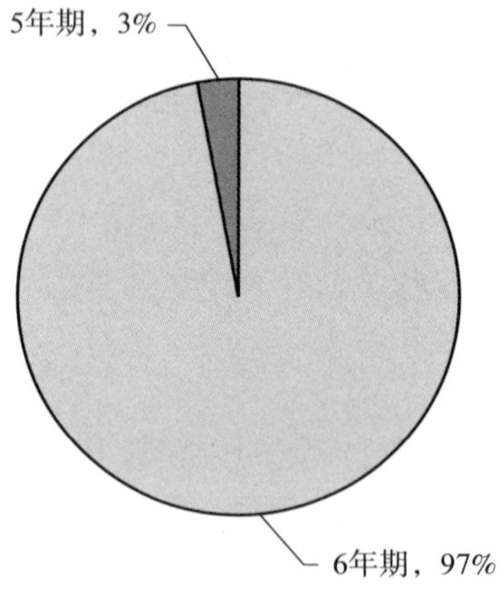

图 7　转债的存续期设置

资料来源：Wind。

注：数据截至 2020 年 12 月 31 日。

等级方面，信用评级对于转债实际违约风险的参考价值相当有限，这是因为，无论什么等级的转债，其发生实际违约的可能性都明显低于同等级信用债。由于转股权这一强效条款的存在，转债票息设置通常明显低于同等级信用债。以太极转债为例，作为一只AA品种，其6年利率设置仅为0.4%、0.6%、1%、1.5%、1.8%和2%，远低于6年期AA中债企业债到期收益率。这意味着，转债给发行人带来的票息偿付压力较小，同时考虑到绝大部分转债以转股方式完成生命周期，且平均生命周期仅为2.9年左右，因此转债发行人大概率仅需支付前几年的低廉票息，且转股后无须偿还本金。

实际上，我国历史上公募发行的转债还从未出现过实际违约。信用评级对转债更为重要的影响在于，信用评级越高的品种，可参与投资的机构相应越多，同等情况下也可能得到更高的溢价。当前存量债中，评级偏低的品种占比较大。截至2020年12月31日，主体信用评级在AA或以下的转债占比超过3/4。由于转债的实际信用风险水平低于同等级信用债，机构投资者对转债的等级要求往往较普通信用债有所放宽，通常AA-及以上的转债可认为是机构可参与的品种，而AA+及以上的品种对于绝大多数机构来说都不存在入库限制，因而可能得到一些“等级溢价”，见图8。

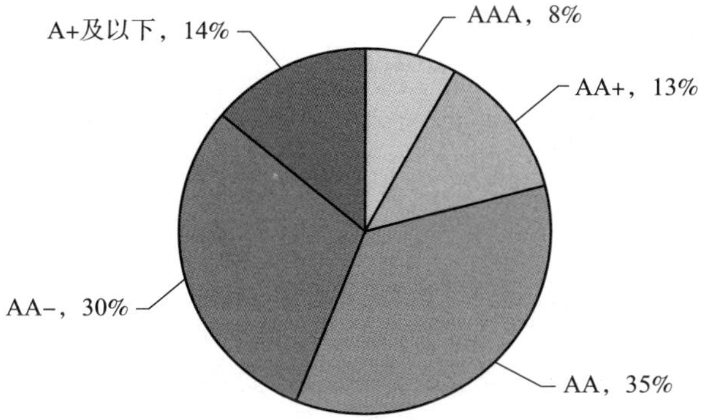

图8　转债市场的评级品种占比

资料来源：Wind。

注：数据截至2020年12月31日。

2. 转股条款：转债如何转换为股票

接下来进入转债产品特有的关键环节，即一只转债究竟如何转股？首先，每一只转债在发行时都会确定一个转股价，根据规定转股价不得低于“募集说明书公告日前 20 个交易日公司股票交易均价和前一交易日公司股票交易均价二者之间的较高者”① （一般会与这个价格相等）。在进入转股期后（通常为发行后 6 个月），转债即可随时按照面值——100 元除以转股价的比例转出对应张数股票。

以太极转债为例，转股价为 31.61 元/股，那么在发行 6 个月后，即 2020 年 4 月 27 日起，持有人可以 100/31.61 的比例，即每张转债转换约 3.16 份股票，并获得这些股票的市场价值。需要注意的是，当天选择转股后，转出的股票要在下一交易日才能卖出。

那么，是否当正股价格上涨至超过转股价的水平，并且转债处于转股期内，转债持有者就会选择转股呢？其实不然。我们在前文中提到，即便是在正股价高于转股价的情况下，转债的市场价格通常较其平价存在一个正的转股溢价率，这就意味着若此时选择转股，那么得到的股票市场价值（即平价）将低于转债的市场价格，得不偿失。以先导转债为例，截至 2020 年 2 月 10 日收盘，其转债市场价格 142.7 元，而平价仅 117.7 元，因此虽然当日正股先导智能的收盘价 46.07 元，已明显超过转股价 39.15 元/股，但若此时转股，相对于直接卖出转债而言会面临 21.27%的亏损，这一幅度反映的便是转债的转股溢价率。

理性情况下，转债持有人仅会在如下情况选择转股：

转债触发有条件赎回条款：这一情景简称为“触发强赎”，通常当转债平价在转股期内持续超过 130 元后达成（后文中将详细介绍）。该

---

① 一般情况下，国企发行转债时会存在一个隐含约束：转股价不得低于每股净资产，目的可能是防止国有资产流失。

情况下，发行人有权以较低价格从持有人手中赎回转债，此时选择转股往往会获得更多价值。

转债到期，且平价高于到期赎回价：若转债面临到期，那么持有人的选择仅有两个：①接受到期赎回价；②选择转股。因此，当平价高于到期赎回价时，转股就会是更好的选择。

转股期内出现负溢价套利机会：当转股溢价率为负时，转债的平价已经高于其市场价，选择转股将得到更高的价值。因此，若转债在转股期内出现负溢价，投资者便可通过买入转债再转股卖出的形式进行“套利”，这样的策略被称为负溢价套利。之所以“套利”二字要加上引号，是因为转出的股票需要在下一个交易日才能卖出，持有人在参与负溢价套利时，仍会面临股价波动风险，因此这一策略并不算严格意义上的套利。

3. 纯债条款：决定转债作为一只债券的价值

转债的纯债条款决定了其作为一只债券的价值，这一价值被称作“纯债价值”。转债一般采用累进利率设置，且通常会在最后一期给予一定的到期补偿，使其到期赎回额高于票面利息与本金之和。以韦尔转债为例，其6年利率设置分别为0.2%、0.4%、0.6%、1.5%、1.8%和2.0%，到期时还有8%的到期补偿，即到期将按照票面价值的110%进行偿付，投资者可获得110元，见图9。

设定累进利率一定程度上有利于促进发行人的促转股意愿。若在转债生命周期早期达成转股，发行人可不必支付后续越来越高的票息以及到期赎回时的补偿金额和本金。因此，发行人通常希望能够尽早促成转债转股。

转债的纯债价值一般由现金流折现法计算得到，折现率一般采用对应期限和主体信用评级的中债企业债到期收益率。特别提醒，随着转债存续期递延，剩余票息越来越高，加之最后一期到期赎回补偿的折现因子也会减小，因此发行时间较长的转债，同等条件下往往具有更高的纯债价值。

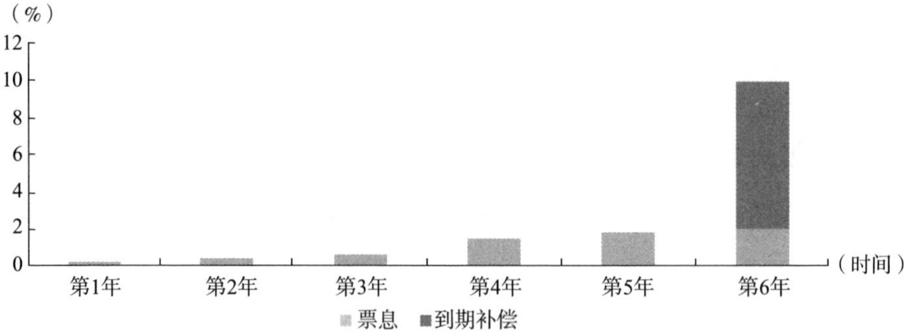

图9　转债通常采用累进利率设置，并在最后一期给予到期赎回补偿

资料来源：Wind。

注：图中范例为韦尔转债。

通常情况下，纯债价值可以视作转债价格的理论下限。由于转债产品的票息较低，且历史上尚未出现违约事件，所以纯债价值常被视作转债价格的坚实底线，价格跌破债底的情况并不多见。

但在一些特殊情况下，转债也存在跌破债底的可能：①市场认为发行人具有实际违约风险；②发行人有被调低信用评级的风险（意味着未来计算纯债价值的贴现率会上升，现有纯债价值可能下降）；③发行人出现影响较大的负面事件，造成转债的短期抛售。其中，在第三种情况下，若负面事件没有致使公司出现违约风险，转债价格跌破债底的局面通常也会得到修复。

4. 三个重要的附加条款：有条件赎回条款、回售条款和下修条款

国内转债产品通常设有三项重要的附加条款，包括有条件赎回条款、回售条款和下修条款，见表1。

表 1　附加条款基本介绍

附加条款	主要内容
有条件赎回条款	赎回条款是转债发行人的一项权利。条款规定，转股期内正股出现一定程度上涨后（如过去 30 个交易日中有至少 15 个交易日收盘价超过转股价格的 130%），发行人有权以债券面值加当期应计利息的价格从投资者手中赎回可转债
回售条款	回售条款是转债投资人的保护性权利。条款规定，约定期限内正股价格出现一定程度下跌（如过去 30 个交易日连续低于转股价的 70%），投资者有权按照一定价格将持有的可转债部分或全部回售给转债发行人
下修条款	下修条款是转债发行人的权利。条款规定，当正股价格出现一定程度下跌（例如过去 20 个交易日内有一半天数的收盘价低于转股价的 85%，通常条件弱于回售条款），发行人有权在一定程度内下调转股价格

资料来源：转债发行公告。

（1）有条件赎回条款。

有条件赎回条款名义上是一种转债发行人的价格保护条款，规定其可在特定条件下按照约定价格将转债从投资者手中赎回。赎回条款通常分为两个部分，分别是到期赎回条款和有条件赎回条款，其中到期赎回条款已在纯债相关条款中有所介绍，这里不再赘述。

有条件赎回条款也常被称为“强制赎回条款”或“强赎条款”。以太极转债为例，一个典型的强赎条款设置是：在转股期内，若连续 30 个交易日中至少有 15 个交易日转债的正股价格不低于当期转股价的 130%以上（即平价达到 130 元），公司有权按照债券面值加当期应计利息的价格赎回全部或部分未转股的可转债。上述条款通常被简写为“15/30、130%”。当前绝大多数转债产品都会采用与之相同的强赎条款设置，仅少数公司会在天数要求和价格限制上进行少量调整。例如，此前退市的平银转债就将正股价格的触发线设定在 120%。

然而，正如前文转股条款部分提及，强赎条款的真正意义并不在于从持有人手中赎回转债，而是促进持有人转股。在公司公告行使强制赎回权利后，持有人若选择接受赎回，那么得到的赎回金额通常仅略高于 100 元。而此时转债已经触发强赎条款，意味着转债的平价已持续处在 130 元以上位置，选择转股获得平价显然是更好的选择。因而对于理性的投资者来说，强赎转债会促使投资者完成转股。当然，在实际赎回日前，投资者还可以选择卖出转债，但在赎回日临近时，最后持有人将面临上述选择，因此公司在行使强赎条款后，转债的剩余额度通常都将悉数转股。

一般来说，触发强赎转股对于转债发行人和持有人来说都是最理想的退出方式。强赎达成后，发行人不必再支付剩余本息，对于持有人而言也意味着获利了结。

最后需要提醒的是，从历史来看，在达成强赎转股条件后，绝大多数发行人会选择执行强赎条款，但仍有部分发行人不行使强赎。例如，在转债进入转股期后不久便触发强赎，此时如果原股东持有大量转债，并且对正股未来走势看好，那么公司有可能不会执行条款，让转债继续存续、博取收益；另一部分转债则可能因为触发强赎后的股权稀释压力，而选择暂不执行。

（2）回售条款。

回售条款是一种转债投资者的价格保护条款，通常规定正股在出现一定程度下跌时，持有人有权按照约定的价格将转债回售给发行人。以太极转债为例，一个典型的回售条款设置为：在转债的最后两个计息年度，如果公司股票在任何连续三十个交易日的收盘价格低于当期转股价的70%，转债持有人有权将其持有转债的全部或部分，以面值加当期应计利息的价格回售给公司，该条款通常被简写为“30、70%”。需要注意的是，银行、券商类转债通常不会设置回售条款。

对于转债发行人而言，回售当然不是一个好消息，这意味着转债发行人将不得不提前偿还本息，而发行转债的最大优势本应是达成转股后无须偿付后续本息。因此，在公司面临转债回售压力时，倾向于采用一些措施（如稍后会提到的下修转股价等），尽力规避实际触发回售条款。

不过，由于现代转债品种的回售条款通常仅在转债的最后两个计息年度才能触发，这意味着转债发行后的前四年（或三年），即便正股出现了较大幅度回调，发行人也不会面临实际回售压力。

（3）下修条款。

下修条款规定，当转债正股价格达成一定条件后，公司可以下调转股价。前文中已经提到，转债发行人通常会尽力避免回售条款的实际触发，其中一个重要的手段就是运用下修条款来下调转股价。以太极转债为例，一个典型的下修条款设置为：当公司股票在任意连续三十个交易日中至少有十五个交易日的收盘价低于当期转股价格的90%时，公司董事会有权向股东大会提出向下修正转股价格的提案。上述条款通常被简写为“15/30、90%”。按规定，修正后的转股价格将不得低于股东大会召开日前二十个交易日公司股票交易均价和前一交易日均价。一般情况下，下修的价格触发线有90%、85%和80%三个等级，触发价格设置得越高，则条件越容易达成；另有少量发行人将触发日期设置为其他条件，例如“10/20”。

下修条款最直观的意义是防止触发回售条款。若下修转股价经股东大会通过并顺利执行，那么转股价将较之前明显下调，回售条款中“低于转股价70%”的条件也相应被放宽，从而避免回售条款的实际触发。

从下修幅度规定看，若发行人选择按照前文所述的下限足额下修，那么下修后转债的平价将回到100元左右，而触发下修则需要平价在80元~90元，并且在以避免回售为目的的下修中，转债平价通常已经下跌接近70元或更低。因此执行下修后，平价将瞬间上升，在“平价+转股溢价率”的定价思路下，转债价格也存在很大的提升可能。

除规避回售外，发行人也会在其他一些情况下选择下修。例如：①正股价格处于低位，但公司判断股价后续将迎来上行机会，此时公司有可能会选择下修以降低触发强赎转股的难度，确保顺利转股；②大股东持有大量转债，在正股价格处于低位时，出于解套目的，大股东提议下修的意愿可能增强。

除行使下修条款外，转债在正股进行分红派息而导致股价变动后，转股价也会相应调整，但这一情形下转债的平价将与调整前维持一致，因此这样的变动并不会对转债价格造成影响。

（三）转债的价格分析方法以及常用指标说明

1. 价格分析思路选择：转债的股性和债性

在熟悉了转债的基本条款之后，接下来将结合一些常用指标对转债价格的基本分析思路进行介绍。图 10 显示了转债价格随正股价格变化而变化的过程，其中横轴为正股价格，纵轴为转债价格，点线曲线代表转债价格，两条实线表示转债的纯债价值和平价。

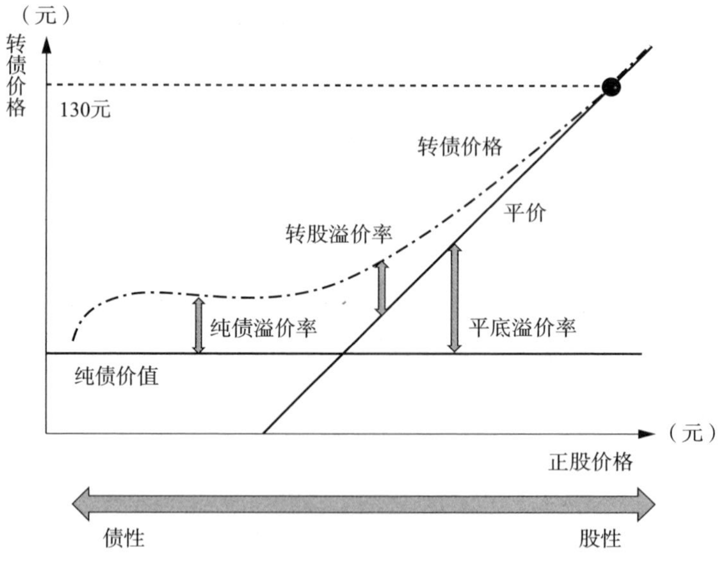

图 10　不同的价格分析思路

注：理论上平价会在正股价格跌到 0 元时归零，图中未展示平价曲线回归到 0 的部分。

平价的计算公式为（100/转股价）×正股市场价格，由于转股价为常数（除非出现转股价调整），因此平价与正股价格呈线性关系；而纯债价值与正股价格无关，因此在图10中呈水平直线。

根据转债股性和债性的相对强弱，常采用不同的分解方法对转债价格进行分析。通常情况下，当正股对转债价格的驱动力较强时，我们认为转债的股性较强，此时转债的平价明显高于纯债价值，一般采用以平价为底的估值方法；而当正股对转债价格的驱动力不强时，我们认为转债的债性较强，此时转债的平价往往已明显低于纯债价值，一般采用以纯债价值为底的分析思路。

参照上述特征，可按照平底溢价率的相对高低来对转债的股性和债性进行经验区分。

$$平底溢价率=(平价/纯债价值)-1$$

由公式可知，平底溢价率直观反映了转债纯债价值和平价的相对高低。按照常用的经验标准，通常将平底溢价率小于-20%的品种，划分为偏债型转债；将平底溢价率大于20%的品种，划分为偏股型转债；而将平底溢价率在-20%～20%的品种，划分为兼具股性和债性特征的平衡型转债。

但实际分析时，并不建议严格按照平底溢价率±20%的标准对标的进行划分。平底溢价率在进行股债性分析时仅可作为一个参考，平底溢价率越高的品种，更可能股性越强，反之则可能债性越强。

此外，还可结合转债价格与正股价格的相关性，对转债的股债性进行判断。例如一些平底溢价率较低的品种，其实也可表现出转债与正股价格的高相关性。对于这些标的而言，正股对转债价格的驱动力其实很强，因此仍应选用偏股型的分析方法对转债价格进行分析。

2. 偏股型转债的价格分析

对于股性较强的转债，通常采用以“平价+转股溢价率”为核心的分析方法。对于这类转债，由图 10 可以看出，平价变动是转债价格最主要的驱动力，因此对于股性较强的转债来说，正股分析是其价格研究的核心内容。尤其是在当前市场不断扩容的情况下，转债市场行情逐渐分化，对于个券正股研究的重要性将进一步提升。如前文所述，转债正股的研究方法与权益类标的一致，本书不做详细介绍。

除正股价格走势外，另一个核心指标为转股溢价率：

$$转股溢价率=(转债市场价格/平价)-1$$

转股溢价率即转债价格超出平价的幅度，主要反映市场对正股未来上涨空间的预期。转股溢价率的内涵其实很好理解，当市场预期正股未来有 10%空间时，投资者的交易行为会提前将这一部分预期映射到转债价格上，便形成了其对于平价的溢价。转股溢价率也常被简称为转债的“估值”。

一般情况下，转股溢价率会随着正股价格的上升而逐渐收窄，并在强赎触发价附近收敛到 0。转股溢价率主要反映了市场对正股未来上涨空间的预期，但如果转债即将被赎回，那么正股未来的涨幅对于转债便不再有意义。因此，转股溢价率往往在正股达到强赎触发价（即平价达到 130 元左右）时，收敛至 0；当正股价格突破强赎触发价后，转债价格与平价理论上将保持同步变动。

正股价格上涨的过程中，越接近强赎触发线，理论上转股溢价率就会越小，直至收敛为 0，这一过程也可以理解为市场预期的兑现与消化。当正股价格上行后，市场会调低其进一步上涨的预期，故转股溢价率通常与正股价格反向变动。上述单纯由正股价格变动而导致的转股溢价率变化，通常被称作转股溢价率的“被动变化”。

除正股价格外，转股溢价率还会受到其他诸多外部因素影响，例如：

（1）当市场情绪高涨、风险偏好提升时，市场可能倾向对相同资质和平价水平的转债付出更高的溢价。

（2）当新券供给出现短缺或短期内老券大规模退出时，存量券的转股溢价率也可能由于供需失衡而升高。

（3）公司近期利好和利空消息会对正股的市场预期产生影响，进而影响转债估值水平。

（4）当信用和利率债品种持续缺乏行情时，可能会因替代效应而使转债需求量提升，推高估值，见图 11。

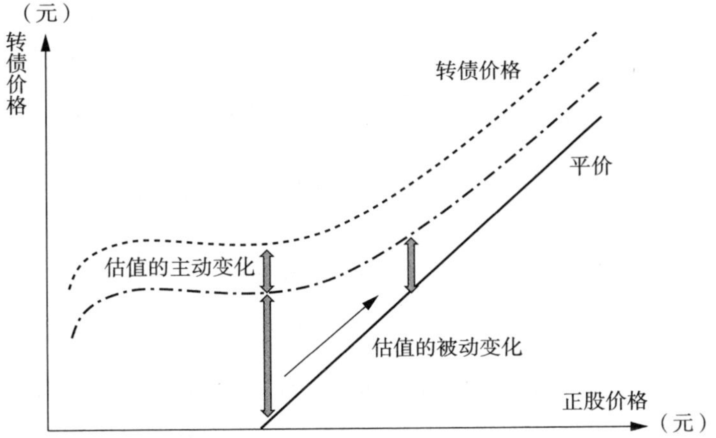

图 11　估值的主动变化与被动变化

上述市场使各价位转债估值水平发生主观调整的过程，通常被称作转股溢价率的“主动变化”。

以通威转债为例，可以清晰地看到转债估值的被动变化与主动变化。2019 年 4—7 月，通威转债正股先涨后跌，转股溢价率也呈现出典型的被动变化趋势。在平价升至 130 元左右时，通威转债的转股溢价率迅速压缩至接近 0；而当随后正股回调时，转股溢价率则恢复到约 10% 的水平；进入 9 月以后，正股价格再一次出现幅度较大的回调，通威转债的转股溢价率也随之上行，相较 7 月，虽然转债价格仍维持在 120 元左右的相似水平，但回调后估值明显来到了更高区间。这说明在本次估值拉伸的过程中，除被动变化外，主动拉伸同样存在。在上述通威案例中，触发估值主动拉伸的诱因是期间有大量优质品种退出，而后续新发转债的规模和资质均难以填补缺口，由此造成转债市场的供需关系改变，推高了优质存量品种的估值水平，见图 12。

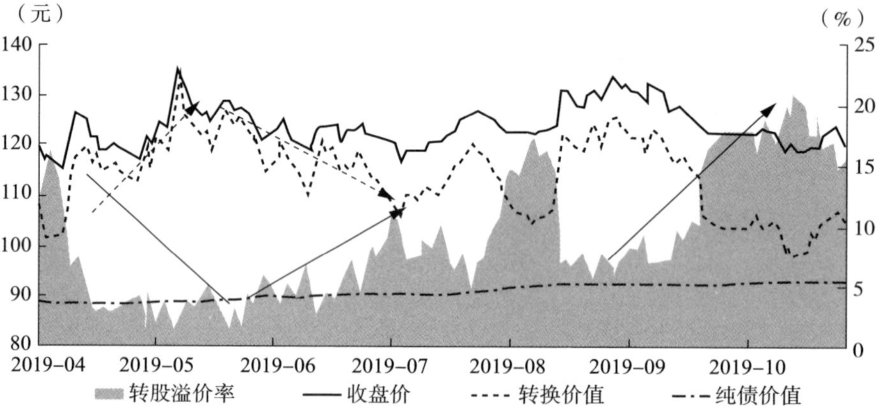

图 12　通威转债 2019 年的估值主动变动和被动变动

资料来源：Wind。

既然转债估值主要反映的是市场对于正股的预期，那么当市场预期未来正股价格下跌时，转债会出现显著的负溢价吗？对于已经进入转股期的标的来说，上述情况较为少见，因为若转债出现幅度较大的负溢价，投资者可以实施前文所述负溢价套利，从而迅速修复负溢价；对于尚未进入转股期的标的来说，负溢价则时常会出现。由于持有人尚无法通过转股卖出的渠道修复负溢价，估值小于 0 的局面可能持续存在。这一情况常见于短期内价格快速上升的新券，或是平价上行至远超 130 元的品种。

另需注意的是，发行人的促转股意愿是支撑转债价格上行的一个重要隐性驱动力。若转债发行人出于偿债压力等因素有着较强的促转股意愿，那么公司在转债存续周期内，就有更强的动力促使平价向 130 元以上行进，实际表现为更愿意行使下修权或采用更激进的会计处理等，这无疑加大了转债价格上行的驱动力。

综上，对于股性较强的转债，我们分析的重点有两个：一个是最重要的驱动因素——正股的走势，分析方法与权益类资产思路无异；另一个核心关注点则是估值指标——转股溢价率，需要综合考虑市场情绪变化和供需关系等因素，判断当前估值水平是否合理，并结合正股信息对转债价格做出综合判断。

3. 偏债型转债的价格分析

对于债性较强的转债品种，其价格分析思路与偏股型品种存在很大区别。由于偏债型品种的平价通常已远低于其纯债价值，因此正股价格的小幅变动对转债价格的影响并不明显，即便是平价由 40 元上涨 50% 至 60 元，执行转股权仍将面临大额亏损。因此，正股短期波动分析对于很多偏债型品种而言并无太大价值。

在偏债型转债品种的价格分析中，转债以纯债价值作为底价，较偏股型品种具有更强的债底保护效应。与由正股价格直接决定的平价相比，转债的纯债价值相对稳定，因此偏债型转债品种有着较为明确的底价。前文中提到，纯债价值通常可视作转债价格的理论底部，若转债市场价格与纯债价值处在接近位置，那么偏债型品种价格下行的空间实际上已非常有限，这一效应被称作“债底保护”。转债价格与债底之差常使用纯债溢价率指标表示：

$$纯债溢价率=(转债市场价格/纯债价值)-1$$

纯债溢价率主要包含了转股权与附加条款的价值，其中附加条款价值主要体现在回售和下修条款上。由于偏债型转债的平价普遍处在低位，若非正股大幅上涨，此时行使转股权的价值通常不会是影响纯债溢价率的关键点。回售条款方面，当转债面临实际回售压力时，若转债的市场价格低于其回售价值，那么市场会提前对这部分价差展开交易（否则存在套利空间），使转债市场价格向回售价值靠拢，回售条款的价值得以体现。而下修条款对于偏债型转债的影响则更为直接，若下修到位，转债平价将瞬间回升至100元左右，对于价格普遍较低的偏债型品种而言，意味着价格或将大幅上涨。

偏债型转债价格上涨主要源于正股的大幅上行以及条款博弈。在纯债价值×(纯债溢价率+1)的定价模式下，由于转债的纯债价值波动较小，转债的上涨主要依附于纯债溢价率。当偏债型品种的正股大幅上涨，接近或超过债底时，转债的定价模式将逐渐向偏股型品种转移，并随之来到更高的价格区间。这一过程也可理解为转股权价值的大幅提升，带动纯债溢价率上行。条款博弈方面，回售条款的博弈价值相对较小，仅会在转债面临实际压力时对价格产生显著影响，即博弈的中心往往在于转债是否会下修转股价，带动平价瞬间上行。

需要注意的是，我们并不建议将下修条款博弈作为常规的投资策略，因为是否执行下修很大程度上取决于发行人的主观意愿，案头研究的作用十分有限。同时，考虑到很多偏债型品种的正股关注度较低，市场研究的覆盖度不足，在面临可能的下修机会时，建议可结合实地调研的交流结果，对转债下修的可能性做出综合判断。

偏债型品种的左侧配置策略（亦称为“低价配置策略”）是转债市场的经典策略，也是最能体现产品优势的投资策略之一。该策略的核心思想，就是对市场中具有债底保护的品种进行择优配置，至价格上行到目标价格或触发转股后卖出。

偏债型品种的价格往往与债底较为贴近，而与价格的理论上限则存在较大差距，其价格的上行空间远大于下行风险，具有天然的空间优势。从历史经验来看，超过95%的转债最后都以转股方式顺利结束生命周期，意味着这些偏债型品种价格出现大幅上涨的概率较大，毕竟促成转股时的转债价格通常会在130元以上。在正股价格逐渐上行的过程中，虽然前期的股价上涨幅度多会被高企的转股溢价率吸收，但由于存在债底保护，大部分时间内转债持有人几乎无须承担正股波动所带来的回撤压力。

我们对 2017—2019 年转债市场低价配置策略的效果进行了简单的量化回测（见图 13、图 14），分别设置了两套规则：①对于所有存量转债和新上市转债，若绝对价格低于 100 元则选择买入并持有，当价格上升至 115 元以上时卖出；②将上述策略中买入和卖出的阈值调整为 105 元、120 元。根据回测结果，在无摩擦的前提假定下，两套策略较中证转债指数均取得显著的超额收益。

综上，低价配置策略的收益确定性高、回撤压力小，能较好地体现转债品种的优势。但是，该策略在实际运行中仍有两个需要考虑的问题：①低价品种的流动性往往较低，需要较长的配置周期；②低价配置策略的收益周期可能也相对较长。

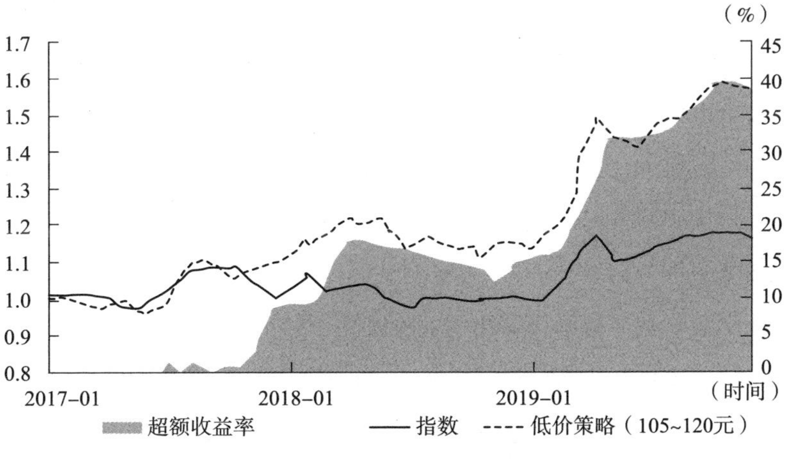

图 13　低价配置策略回测

资料来源：Wind。

注：1. 图中虚线和实线曲线为低价策略及中证转债指数净值倍数。

2. 图中曲线已经过平滑处理。

在筛选配置型品种时，首先需要对转债标的的信用风险进行分析，建议剔除存在信用风险或者可能被调低评级的品种，因为信用风险会导

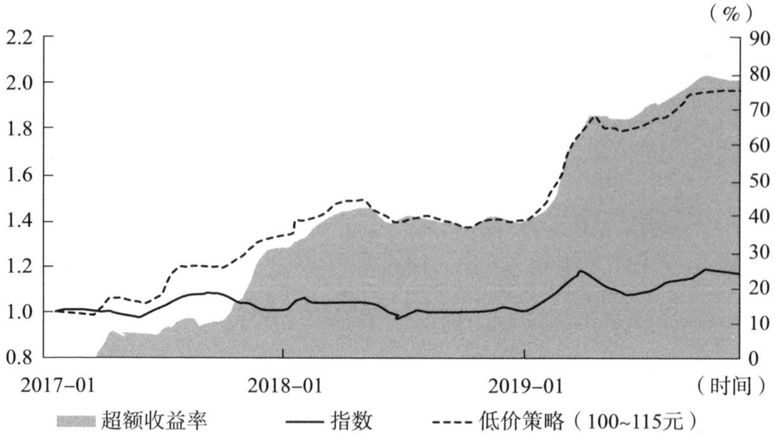

图 14 低价配置策略回测

资料来源：Wind。

注：1. 图中虚线和实线曲线为低价策略及中证转债指数净值倍数。

2. 图中曲线已经过平滑处理。

致偏债品种的防御性优势荡然无存。在基本的信用分析之后，为寻找理想的配置型标的，可以从如下几个角度进行筛选：

（1）正股弹性较大：股价回暖后可迅速带动平价上行。

（2）正股关注度较高：往往能够在相对更低的平价区间表现出股性。

（3）正股属热门行业且资质尚可的公司：行业龙头上涨后可能有跟涨机会。

（4）有下修可能性：平价有望瞬间上升。

（5）高 YTM、正股高股息率：即使股价长时间维持低位，也可作为信用债持有，但需要尤其关注信用资质，警惕调低评级风险。

上述条件很难同时满足，建议结合自身偏好寻找合适的标的。

举例来看，低价配置策略的一个典型案例是华钰转债。华钰转债正股为华钰矿业，长期以来主要从事锌精矿、铅锑精矿、铜精矿的勘探和采矿。自 2017 年以来，公司开始布局海外金矿业务。2019 年末，公司在可转债资金运用可行性报告中提到部分金矿将在 2020 年投产。由于公司业务尚未在报表中充分反映，故正股价格并未出现明显反应。实际上，同期转债价格已十分接近债底，2020 年 3 月的正股调整也未对转债价格产生明显冲击。同时，在假定公司信用风险相对可控的前提下，华钰转债非常符合前文提及的低价配置型品种筛选标准。进入 2020 年下半年后，转债正股在较为乐观的市场情绪下开始对金矿相关业务进行定价，转债平价随之大幅上升，并一度带动转债价格上行至逾 160 元，为低价配置策略的参与者带来了十分可观的收益。不过需要注意的是，就经验来看，在低价配置品种取得理想收益后，若非对于正股支撑的持续性有充分预期，“见好就收”可能才是相对较好的策略选择。

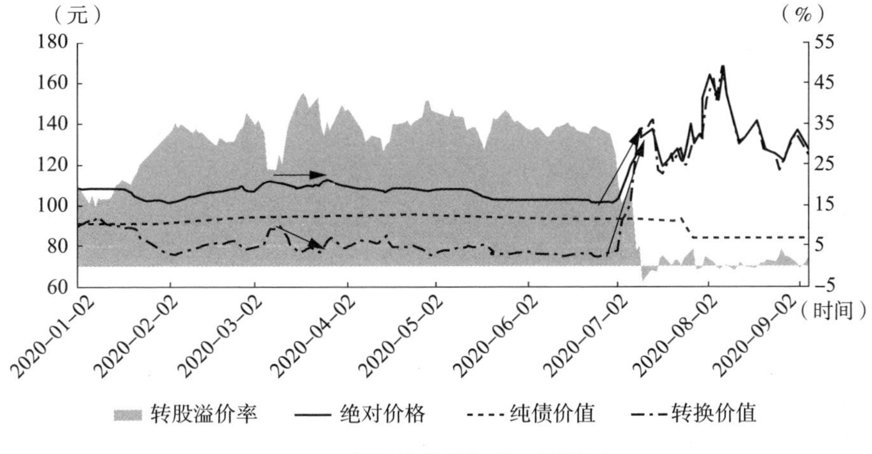

图 15　华钰转债是低价配置策略

资料来源：Wind。

更加具体的低价配置策略思路，我们将在第八部分详细介绍。

小贴士

一些值得关注的细节问题

1. 转债触发强赎后会立即执行吗？

并不会，转债发行人在执行强赎条款后，通常会留给持有人一段时间进行处理。以 2020 年触发强赎的品种为例，自发布强赎公告到实际执行强赎的平均时间间隔约 19 个交易日（见图 16）。

另外，还需要强调的是，由于强赎是转债发行人的权利而非义务，因此，并非所有的转债达成强赎条件后都会选择执行。

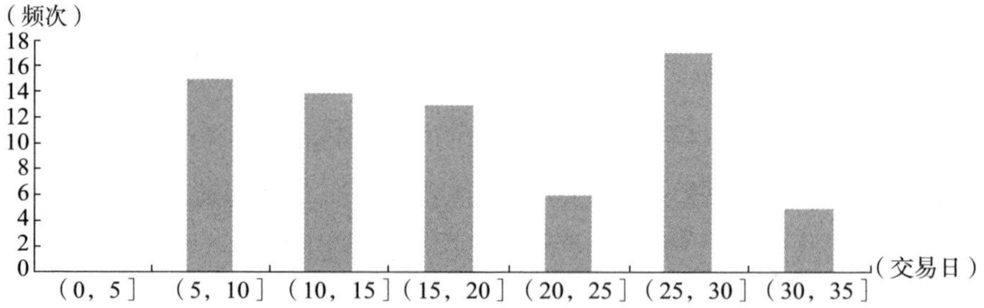

图 16　2020 年发布强赎公告到实际执行的时间

资料来源：Wind。

2. 转债涨跌幅总是小于正股吗？

不一定。转债的价格可拆分为平价和转股溢价率，其中平价变动幅度与正股的变动幅度一致。转债产品之所以多数时间内的价格变动幅度较正股更为温和，主要是因为平价和转股溢价率通常呈负相关关系，即平价的上升往往伴随着估值水平的下降。然而在部分特殊情况下，转股溢价率可能会出现与平价同向变动的情况。

例如，当某只转债对应的正股市场预期显著改善，那么在转债平价的上涨过程中，转股溢价率也会出现主动拉伸，从而使得转债价格涨幅高于正股。另一个常见的情况是，当正股出现重大利好时，由于存在涨跌停限制，其单日上涨幅度不超过10%，而转债则没有相关限制，单日涨幅可能会提前反映正股未来几日的上涨预期。

3. 若预期短期内正股涨幅只能持平或小于转股溢价率，那么正股涨幅是否将完全被溢价率消化，没有参与价值?

现实情况并非如此。举例说明，若一只转债平价为100元，对应转股溢价率15%（市场价格115元）。若正股出现15%涨幅，使得平价达到115元时，市场会在115元的平价水平上赋予新的预期并形成新的转股溢价率。在其他条件不变的情况下，新的转股溢价率会较原15%的水平出现被动压缩，但不会归零。假设新的溢价率为10%，那么转债价格将在正股上行的支撑下上涨至126.5元、涨幅10%，仍然是较为可观的收益。

4. 转债信用评级应当关注主体评级还是债项评级?

从当前的情况来看，更多投资机构对转债入库的外部评级限制参考的是个券的主体信用评级，因此我们同样建议在依据等级对转债进行分类研究时，重点采用主体评级指标作为划分依据。此外，由于外部增信等途径的存在，部分转债会出现债项评级高于主体评级的情况。同时，转债主体和债项评级的调整，以及评级公司给予的展望倾向都是转债评级研究中需要关注的重要信息。

5. 转债从未违约，是否直接挑选最便宜的个券进行配置即可？

错误。历史0违约记录（公募品种）并不意味着未来转债永远不会违约，一方面，随着市场扩容，转债发行人结构变得更加复杂，其中许多小盘民企主体信用分析难度较大，后续需要警惕极端个券的违约风险，同时也要注意信用评级下调之后带来的债底折损（对应等级的折现率提高）。另一方面，即便是对于信用层面相对有保障的个券，在进行配置时也需要重点参考正股弹性，否则也很难在后续取得理想的收益。

二、中国可转债简史

（一）看似新兴市场，实则历史悠久

谈及可转债，我们往往将其视为国内债市细分领域下的一个“新兴市场”，以为其进入投资者视线的时间并不长。但事实上，转债市场在我国很早即已起步，与沪深交易所几近“同龄”。通过梳理 20 世纪 90 年代至今的存量规模数据，发现我国转债市场的发展大致可划分为三个阶段：

第一阶段为“试水期”（1991 年 8 月至 2010 年 5 月）。该阶段转债品种尚处于初期探索状态，无论是单只发行体量还是总体余额/只数等均处低位水平，且各项制度不健全，发行人和投资者对这个新兴品种都不甚了解，处于观望状态。但部分公司率先尝试、“摸着石头过河”，尤其是在 2001 年证监会发布《上市公司发行可转换公司债券实施办法》《关于做好上市公司可转换债券发行工作的通知》等之后，转债市场也曾迎来一波小高潮。虽如白驹过隙，但已初现晨光，转债市场崭露头角。

第二阶段为“探索期”（2010 年 6 月至 2017 年 2 月）。该阶段以中行转债发行为标志，转债市场扩张速度明显加快。实际上，在中行转债发行前，转债市场单只体量较小，前文所述的第一阶段中，单只转债平均发行金额仅为 5.4 亿元。2010 年 6 月 2 日中行转债横空出世，发行规模高达 400 亿元，此后以银行业为代表的大盘转债密集发行，单只发行平均规模一举跃升至 49 亿元，涨幅近 10 倍。该阶段转债价格走势和发行节奏在正股影响下跌宕起伏，除 2015 年前后的特殊行情外，转债市场虽未出现爆发式增长，但也保持了较为稳定的发展态势。

第三阶段暂时称为“成长期”（2017 年 2 月至今）。该阶段以 2017 年 2 月 17 日证监会对《上市公司非公开发行股票实施细则》部分条文进行修订为标志，诸多影响至深的政策在当年推出，包括但不限于：5 月 27 日发布《上市公司股东、董监高减持股份的若干规定》，对上市公司股东通过大宗交易“过桥减持”“清仓式减持”以及董监高通过辞职实施减持等进行约束和限制；9 月 8 日发布修订后的《证券发行与承销管理办法》，将可转债、可交换债发行方式由资金申购改为信用申购；等等。2017 年可谓我国转债市场的“现代史元年”。在各项新政新规加持下，转债市场一级发行供需两旺、规模得以大幅扩张，二级市场估值回归、配置价值有所提升。伴随关注度的日益提升，转债市场投资者结构越发多元，加速扩容的“黄金时代”正式到来。

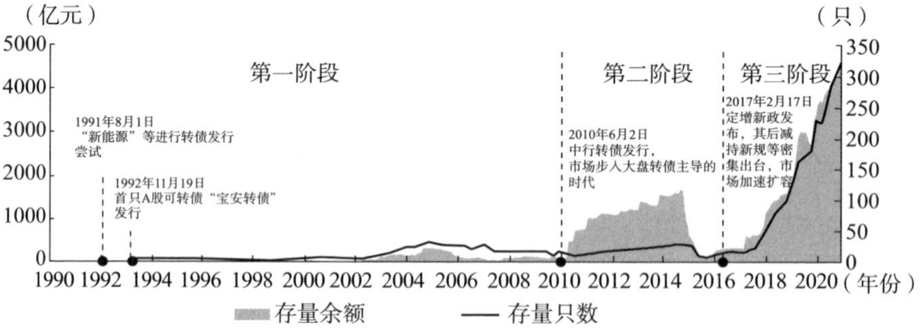

图 17　我国转债市场发展的三个主要阶段

资料来源：Wind。

（二）市场发展“三部曲”——从初次试水到快速成长

1. 第一阶段“试水期”（1991 年 8 月至 2010 年 5 月）——崭露头角

20 世纪 90 年代，转债市场处于初级发展期，券种相对较少，与当前市场状况的可比性有限，但对比两段时期转债的条款设置等特征，仍能帮助我们理解国内转债品种的发展趋势。基于此，本部分主要以代表性个券和事件为例，以期管中窥豹，对该时期的面貌特征加以呈现。

（1）宝安转债拉开国内公募转债市场发展的序幕。

1992 年 11 月，宝安转债成功发行，成为我国历史上第一只发行并上市交易的公募可转债。相较于现代的转债品种，宝安转债的各项条款设置还十分稚嫩，其中发行期限设置为 3 年，采用固定利率，票息为每年 3%，且发行时无外部评级。附加条款方面，宝安转债并未设置回售和下修条款，同时赎回条款设置也较为直接，规定在转债存续周期的最后半年内，只要公司提前 60 日进行公告，即可无条件赎回（见表 2）。

从条款设置来看，宝安转债促使投资者选择转股的途径相当有限，仅在生命周期的最后半年内，平价显著高于赎回价格时执行条款，才会促使持有人行使转股权。然而，进入 1995 年后，正股中国宝安价格始终趋弱，致使宝安转债在赎回行使区间内平价均大幅低于赎回价，理性投资者并无转股动力，最终宝安转债只能以大额赎回方式结束生命周期。由于转股失败，转债品种本应具备的转股后无须偿付本金的巨大优势无从体现，3%的票息对发行人而言也并不算低，加之彼时市场对于转债品种缺乏认知，在宝安转债退市后直至 1997 年，国内再无转债发行。

表 2　第一只公募转债——宝安转债的条款设置与现代转债品种有着较大差异

转债名称	宝安转债	转债代码	125009. SZ
正股名称	中国宝安	正股代码	000009. SZ
发行规模	5 亿元	所属行业	综合
发行方式	价格招标		
存续期	3 年		
票面利率	每年 3. 0%		
初始转股价格	25 元/股		
转股期间	1993 年 6 月 1 日至 1995 年 12 月 31 日		

续表

赎回条款	1995年7月1日至12月31日半年内，公司保留以每手2575元价格赎回可转换债券而无须征得可转换债券持有人同意的权利，但赎回前60天需公告声明。①
下修条款	无
回售条款	无
信用评级	无

资料来源：Wind。

1997年3月，国务院证券委员会发布《可转换公司债券管理暂行办法》，这也是我国可转债领域的首个规范性文件。值得注意的是，该文件一度允许计划但暂未上市的重点国企发行可转债。但在吴江丝绸、南宁化工、茂名炼化试点后，这样的特殊模式告一段落。此后至今，公募可转债的发行人均为A股上市公司。

（2）机场转债开始，转债条款设置逐渐完善。

2000年2月，机场转债的上市发行，成为可转债发展历程上的又一“里程碑”事件。机场转债发行的重要意义是，对附加条款设置进行了大幅细化，现代转债中常用的赎回、下修和回售条款设置，正是在机场转债的蓝本下逐步完善而成的。

具体来看（见表3），机场转债发行期限为5年，与现代转债品种基本接近。延长后的期限设置为发行人促成转股预留了充足时间，同时也使投资者不必承担过长的时间成本。利率方面，虽然机场转债仍采用了固定利率设置，但每年0.8%的票息较宝安转债等初期品种明显下降，发行人的付息压力大大减轻。更重要的是，机场转债在附加条款设置方面进一步细化，为转债提供了有效的促转股途径。

强赎条款方面，机场转债规定在发行6个月，即进入转股期后便可行使，无须等到生命周期末段，且“30/40、130%”的设置（在连续

① 早期转债票面价值和成交单位与当前存在区别，当时转债的发行票面价值为5000元，上市后拆分为5000张面值为1元的可转债，以手为交易单位，每手为2500张。

40个交易日中，至少30个交易日正股价格达到转股价的130%以上），已经与现代转债十分接近。当正股价格较转股价出现阶段性上行机会时，发行人便可执行赎回条款，此时投资者在转股后得到的价值大于赎回价值，从而促成理性投资者大规模转股，发行人也无须承担后续的还本付息压力。

其他条款方面，机场转债设置了与赎回条款相对应的投资者保护条款——回售条款，但条款设置较现代“30、70%”的设置仍较为简单；下修条款方面，也可从机场转债中看到现代转债下修条款设置的雏形。

表3　首只条款相对齐备的可转债机场转债

转债名称	机场转债	转债代码	100009. SH
正股名称	上海机场	正股代码	600009. SH
发行规模	13. 50亿元	所属行业	交通运输
发行方式	先以每100股配售2张的比例向发行人社会公众股股东进行定向配售，其后向社会公开网上发行		
存续期	5年		
票面利率	每年0. 8%		
初始转股价格	10元/股，溢价幅度为2. 77%；对应于机场转债每张100元面值，初始转股比率为10		
转股期间	2000年8月25日至2005年2月24日		
赎回条款	（1）到期赎回：到期日后的5个交易日内，按面值加应计利息偿还； （2）有条件赎回：2000年8月25日之后（含当日），30/40、130%		
下修条款	公司有权在不违反任何当时生效的法律法规前提下，在可转债存续期间降低转股价格，但降低后的转股价格不得低于普通股每股净资产和每股股票面值。 当下述3项条件均满足时，本公司董事会可直接行使本项权力而无须提请本公司股东大会批准：a. 在机场转债的存续期间，当任何1个月本公司股票收盘价格的算术平均值不高于当时转股价格的80%时；b. 本公司董事会决议该次降低转股价格的幅度不超过20%，并且降低后的转股价格不低于降低前一个月本公司股票价格的算术平均值；c. 在机场转债的存续期间，本公司董事会直接行使本项权力的次数在12个月内不超过1次。 在本公司董事会无权直接行使本项权力时，如果本公司认为需要降低转股价格，则本项权力需经本公司股东大会批准后方可行使。 本公司降低转股价格前先报中国证监会备案		

续表

回售条款	持有人有权在回售日（2004年8月25日）向公司回售其持有的全部或部分机场转债，每张可转债回售价格为面值的107.18%
信用评级	无

资料来源：Wind。

（3）崭露头角，前路漫漫。

2001年，证监会先后发布《上市公司发行可转换公司债券实施办法》《关于做好上市公司可转换债券发行工作的通知》等文件，国内转债市场初具指导性和约束性框架，形成了相对健全的监管体系。同年3月，证监会出台《关于做好上市公司新股发行工作的通知》，提高上市公司配股或增发门槛。叠加权益市场行情持续疲软，市场对于定增和配股的需求趋弱，部分上市公司融资时开始将目光转向可转债。利用政策带来的时间窗口，转债更多进入发行人的视野，转债市场迎来了第一次较为明显的扩容，市场峰值时存量个券数目超过30只。

2005年开启的股权分置改革，导致权益市场发行全面停滞，转债也相应经历了长达20个月的发行“真空期”。2006年5月，证监会发布实施《上市公司证券发行管理办法》，一级市场重启，转债与正股发行规则也被并入同一文件，相关条款作为纲要性规定一直沿用至今。

2. 第二阶段“探索期”（2010年6月至2017年2月）——跌宕起伏

（1）跌宕起伏的探索之路。

在最初十余年的摸索之后，2010年起，我国转债市场迎来了第一轮真正意义上的大规模扩容。随着大盘新券的加速供给，转债市场逐渐攀升至史上最大存量规模。随后权益市场迎来剧烈的“疯牛”和“股灾”，转债市场也随之经历了跌宕起伏的“探索期”。

以2010年6月2日中国银行400亿元可转债发行为标志，转债市场揭开了快速扩容的序幕，存量规模随之水涨船高。这一阶段，随着大盘转债的相继发行，市场规模在2014年末迎来高点，存量转债总市值一度超过1700亿元，远超第一阶段的规模峰值。随后，2014—2015年的“疯牛”行情呼啸而至，转债市场平价中枢迎来了大幅上行。然而，伴随正股价格的普遍抬升，存量转债集中触发了强赎条件并相继转股退出，导致存量券规模和数量大幅下降；加之2015年下半年股市开始深度回调，使得许多待发转债的发行节奏被打乱，新券供给速度远远不足以补充大量个券转股退出的缺口，转债规模迅速缩水至120亿元左右，存量数目也连续多月在20只以内的低位徘徊（见图18）。第二阶段市场行情见图19。

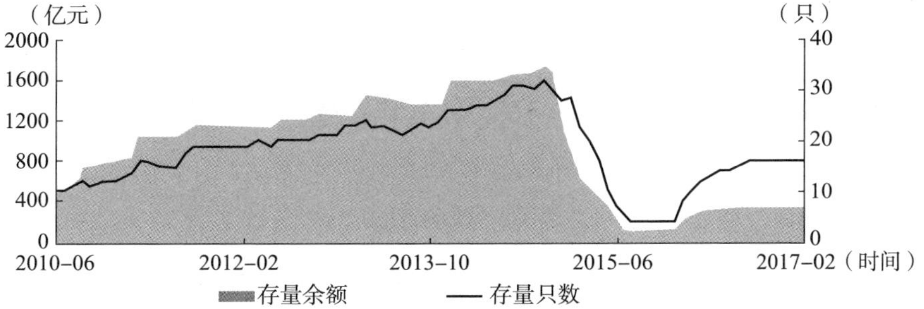

图18　市场存量转债规模

资料来源：Wind。

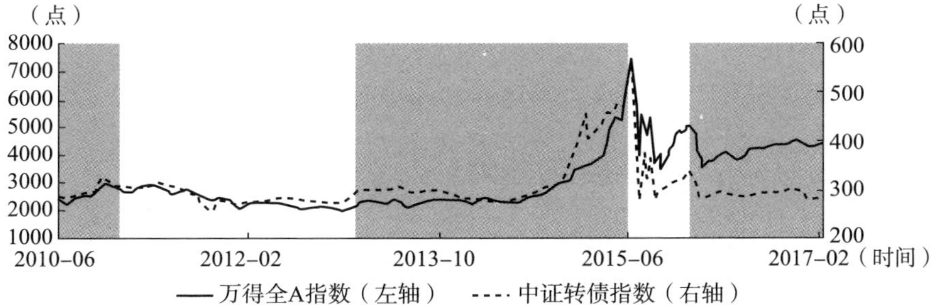

图19　第二阶段市场行情

资料来源：Wind。

（2）存量转债仍以金融和其他重资本行业品种为主（见图20）。

在行业分布方面，这一阶段的转债市场表现出了很强的规律性，转债标的以金融、化工、公用事业等重资本行业为主，而消费、科技等现金流较好的行业占比较小。以这一阶段市场规模峰值为样本来看，2014年10月28日，存量转债市值总额达到1748.81亿元的高点，在SW一级行业分类下，银行业存量转债规模（749.51亿元）占全市场比重接近43%，明显大于其他行业；非银金融、公用事业和化工行业存量转债规模同样较大；不过医药生物、通信、食品饮料、计算机等科技和消费相关行业仅有个别转债存续，整体规模较小。

上述行业结构特征反映出该阶段转债市场虽然经历了一轮快速扩容，但支撑市场规模的主要是融资需求较大的金融企业和重资本行业公司。对于消费、科技等行业而言，由于企业现金流整体较好，加之市场对于转债特性尚处学习阶段，转债品种在其融资需求中并未得到有效推广。

总体看，虽然市场扩容趋势迅猛，但由于本阶段个券大多分布在金融和其他重资本行业，转债策略在行业配置上仍面临较大限制。

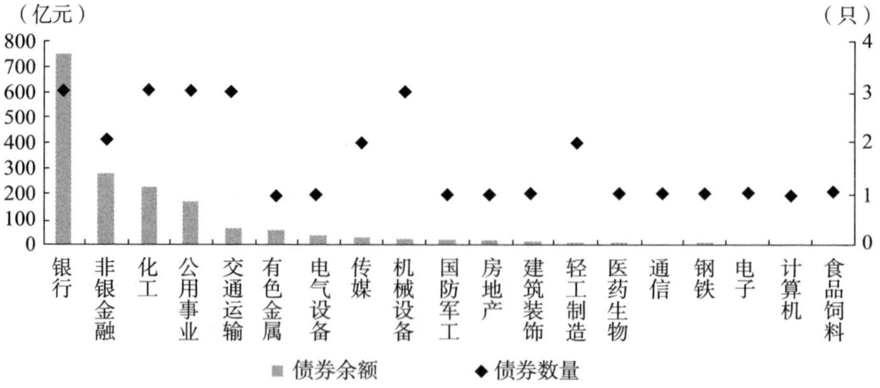

图20　第二阶段存量转债（2014年10月28日）

资料来源：Wind。

（3）极端行情引发市场价位分布巨变。

从价位分布的演化来看，在正股行情跌宕起伏的行情中，各平价区段的转债分布出现了较大变化。2014 年之前，在权益市场整体偏向弱势震荡的行情下，转债市场中低平价品种占比相对较高，其中 2011—2012 年平价 80 元以下品种占比曾维持在 50%左右，使得该阶段市场配置型品种占比具有较大的挑选空间。而在“疯牛”行情中，全市场存量债平价曾一度上行至 100 元以上，此时不仅转债的股性价值对其收益起到决定性作用，高等级券种的杠杆优势也成为这一时期收益高低的关键。在后续大量品种转股退出后，虽然市场集体高平价结构出现了一定变化，但由于存量券数目已降至个位数，因此存量券平价分布对这一阶段策略选择的影响并不大，见图 21。

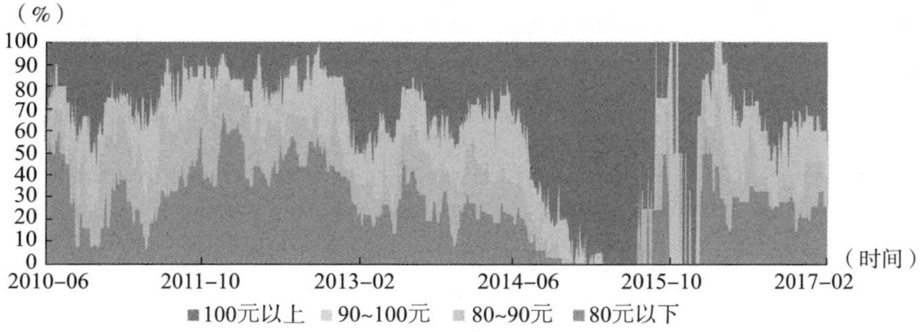

图 21　第二阶段转债平价分布

资料来源：Wind。

（4）转债条款设置已逐步进化至现代形态。

从条款角度来看，进入该阶段后，转债的各项条款设置已经逐渐完善，大多数存量券条款设置与现代转债相差无几。以铜陵转债（中行转债发行不久后上市的较大规模标的）为例，在累进利率设置以及附加条款安排等方面，仅有部分细节略有出入，总体设置思路与现代转债已基本一致。例如，铜陵转债下修条款触发规则的设定思路与现代转债相近，不过在具体触发条件方面，铜陵转债触发下修仅需“10/20、90%”，较现代转债常规的“15/30、85%”仅存在时间和尺度上的差异。

表 4 铜陵转债发行条款汇总

转债名称	铜陵转债	转债代码	126630. SZ
正股名称	铜陵有色	正股代码	000630. SZ
发行规模	20. 00 亿元	所属行业	有色金属
发行方式	本次发行的可转债向发行人在股权登记日（2010 年 7 月 14 日，T-1 日）收市后登记在册的原股东优先配售，原股东优先配售后余额部分（含原股东放弃优先配售部分）采用网下向机构投资者配售和网上通过深交所交易系统向社会公众投资者发行，网下和网上预设的发行比例为 50%∶50%，余额由保荐机构（主承销商）包销。 公司原股东可优先认购的转债上限总额为 16 亿元		
存续期	6 年		
票面利率	第一年 0. 60%、第二年 0. 90%、第三年 1. 20%、第四年 1. 50%、第五年 1. 80%、第六年 2. 10%		
初始转股价格	15. 68 元/股，不低于募集说明书公告日前 20 个交易日公司股票交易均价和前 1 个交易日均价的孰高者		
转股期间	2011 年 1 月 17 日至 2016 年 7 月 15 日		
赎回条款	（1）到期赎回：期满后 5 个交易日内，按债券面值的 105%（含最后一期年度利息）赎回。 （2）有条件赎回：转股期内 20/30、130%。发行人有权按面值的 103%（含当期年度利息）赎回。任一计息年度发行人在满足赎回条件后不实施赎回的，该计息年度不应再行使赎回权		
下修条款	存续期内，10/20、90%		
回售条款	最后两个计息年度，连续 30 个交易日收盘价低于转股价的 70%		
信用评级	主体：AA-；债项：AA；大公国际资信评估有限公司		

资料来源：铜陵转债发行公告。

（5）分阶段行情回顾：第一轮探索，在“疯牛”中戏剧性收场。

从行情角度划分，见表 5 所示，2010 年 6 月至 2017 年 2 月区间转债市场经历了 3 轮牛市周期和 2 轮熊市周期。从各个小周期转债——正股涨跌幅看，由于转债市场存量券已具备一定规模，转债的市场行情也与正股之间建立了较强的联动，其中仅在 2016 年 1 月至 2017 年 2 月第三轮牛市中，因转债存量券数量下降至个位数而导致指数层面出现背离。从各阶段累计收益率看，无论是在上涨还是下跌过程中，转债市场表现往往都更为温和。从各轮周期的行情变化中，我们都能够归纳出许多对现代转债投资颇具参考价值的经验规律。

表5　2010年6月至2017年2月转债市场经历了3轮正股牛市和2轮正股熊市周期

牛市	时间	中证转债指数涨跌幅	万得全A指数涨跌幅	熊市	时间	中证转债指数涨跌幅	万得全A指数涨跌幅
第一轮	2010-06—2010-11	15.45%	27.72%	第一轮	2010-11—2012-12	-17.53%	-37.16%
第二轮	2012-12—2015-06	98.42%	275.66%	第二轮	2015-06—2016-01	-45.82%	-51.18%
第三轮	2016-01—2017-02	-1.01%	22.56%				

资料来源：Wind。

1）2010年6—11月：牛市周期——市场扩张中的“开门红”。

2010年6月至11月初，转债在正股行情的带动下持续上行。在这一阶段，随着市场规模扩张，转债价格相对正股的基本变动特征已经显现：转债和正股指数保持着很高的联动性，但无论是回调还是上涨过程中，变动幅度均更为缓和。

进入2010年第三季度，正股和转债双双进入上行区间（见图22）。2010年6月2日中行转债发行，规模达400亿元，开创转债市场超大盘品种的“先河”，支撑了市场整体规模。中行转债发行后，转债品种重归市场视野，同时也为后续诸多金融机构或实体企业的融资需求提供了参考。其间，正股的持续上行环境为新券发行提供了良好的环境支撑，市场新一轮扩容迎来“开门红”。截至2010年末，存量转债余额历史性突破了1000亿元，大大超越了第一阶段的峰值。

这一阶段，各价位转债估值中枢①对市场情绪的映射同样值得关注。在进入该阶段前夕，权益市场曾在2010年上半年出现较大幅度回调，市场情绪整体趋弱。而随着2010年6月后正股持续上行，各平价

① 估值中枢图例均采用本书第九部分“如何测算历史可比的转债市场估值”中反比例函数方法进行估算，见图23等。

价位转债对应的估值中枢也纷纷主动走扩。在权益市场情绪转暖的催化下，投资者倾向于将更为乐观的正股预期提前反映在转债价格中（见图23），这样的现象也为后续转债估值主动变化研究提供了重要参考（具体分析方法可参考本书第一部分“初识转债真面目”）。

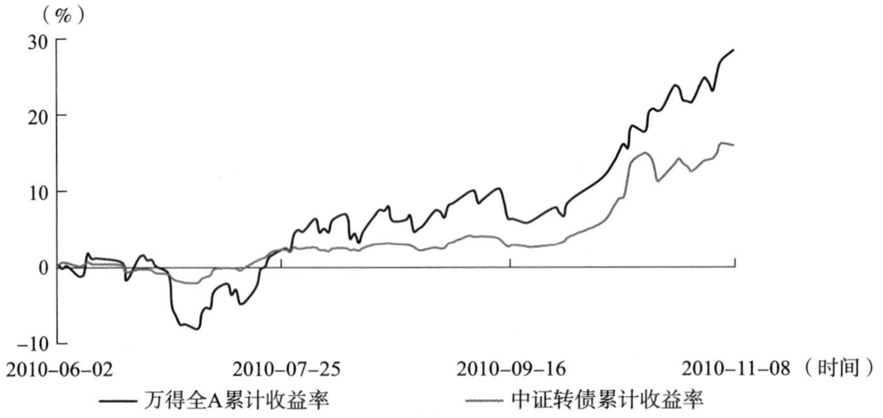

图22　转债市场在正股带动下出现上行

资料来源：Wind。

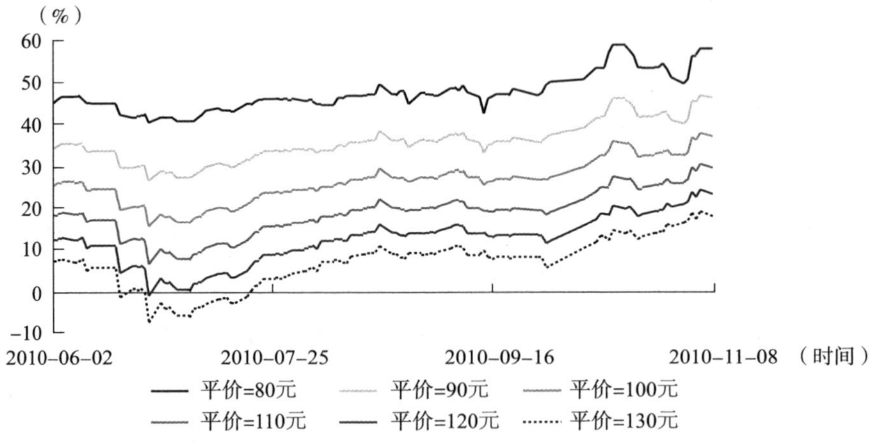

图23　乐观情绪使得各价位转债估值出现主动拉伸

资料来源：Wind。

2）2010年11月至2012年12月：熊市周期——漫漫下行中，转债防御属性初现。

2010年11月至2012年12月，正股市场持续下跌。在此过程中，转债前期随正股一同下行，而后则体现出显著的防御属性（见图24），在正股的回调中逐渐企稳。

2011年初，市场流动性边际收紧，A股市场转向下行。2011年4月至2012年1月，权益市场持续回调，叠加2011年信用债风险事件扰动，转债受到平价普遍下跌的影响，同时由于其在固收类产品中的流动性优势，成为许多机构优先卖出的对象，导致本轮权益市场调整前期出现正股和估值双双回落的现象，其间中证转债指数与正股下调幅度基本一致。

随着各价位转债估值中枢边际企稳（见图25），2011年末至2012年末，虽然正股仍在持续下行，但转债品种的债底保护效应已经开始发挥作用，转债估值中枢也压缩至合理位置，中证转债指数维持水平震荡趋势，并未随正股进一步下行。在正股持续回调中，偏债型品种的挑选空间增大，加之此时各价位转债估值已压缩至相对低位，故而在这一阶段后期，低价配置策略迎来了一次较为理想的参与窗口。

图24　阶段性回调后转债防御性凸显

资料来源：Wind。

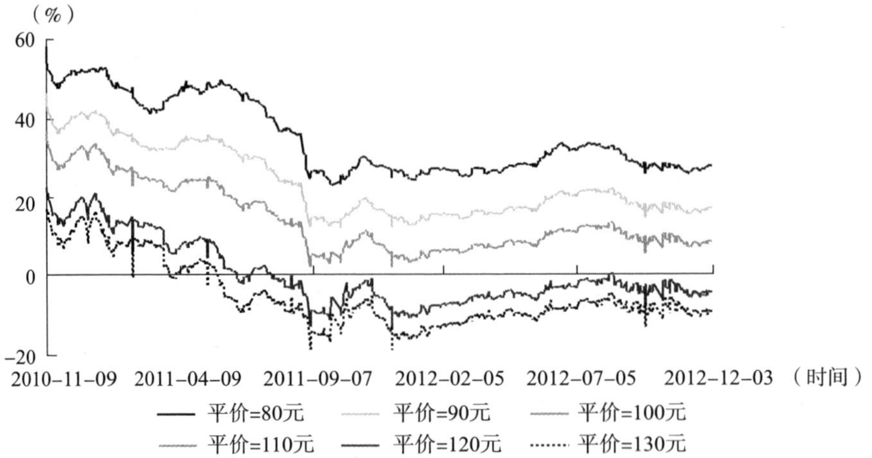

图 25　各价位估值中枢在调整后企稳

资料来源：Wind。

3）2012 年 12 月至 2015 年 6 月：牛市周期——平静之后，“疯牛”呼啸而至（见图 26）。

2012 年末至 2015 年 6 月，在经历了前两年的平静之后，“疯牛”行情骤然来临，转债价格大幅上行，大量存量券在此期间触及强赎条件，并在执行后纷纷转股退出，这一轮转债扩容也随之“戏剧性”地宣告结束。

2012 年末至 2014 年上半年，转债和权益市场波澜不惊。自 2014 年 7 月 10 日起，A 股市场开启“疯牛”行情，其中 2014 年 11 月至 2015 年 6 月，万得全 A 指数由 2486 点大幅上行至超过 5000 点的历史最高水平，涨幅逾 250%。在此期间，虽然转债整体涨幅不及权益市场，但在正股推动下，中证转债指数仍取得了近 100% 的累计收益。事实上，转债指数涨幅不及正股，还可以从另一个角度进行理解——随着正股持续上行，大量强势品种在此期间达成强赎条件后转股退出，并移出指数样本，后续正股涨幅无法影响转债指数走势。换句话说，“疯牛”行情中，转债“优汰劣剩”的特殊性质，也在指数层面制约了转债涨幅。

估值方面，在“疯牛”行情的催化下，高平价品种的估值中枢2014年下半年迅速拉伸，其他价位对应的估值中枢也出现了不同程度上升。然而，各价位估值曲线却在2014年末戛然而止，这是因为在存量转债接连转股的过程中，存续样本数目降至个位数，不足以估算各价位估值中枢（见图27）。

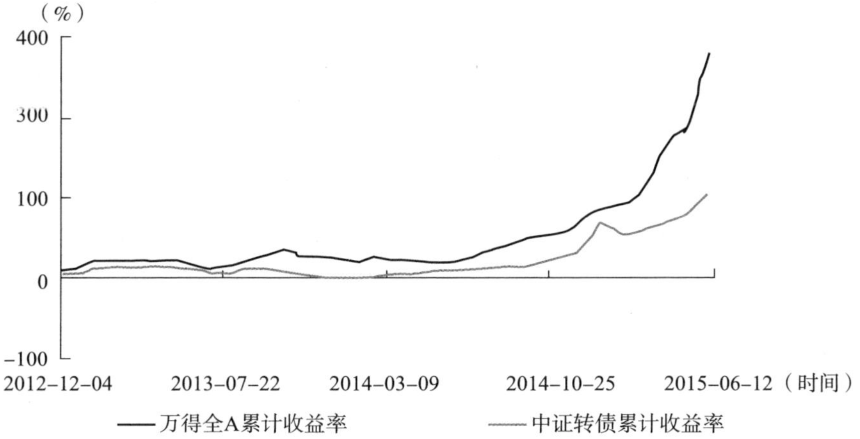

图26 “疯牛”来临

资料来源：Wind。

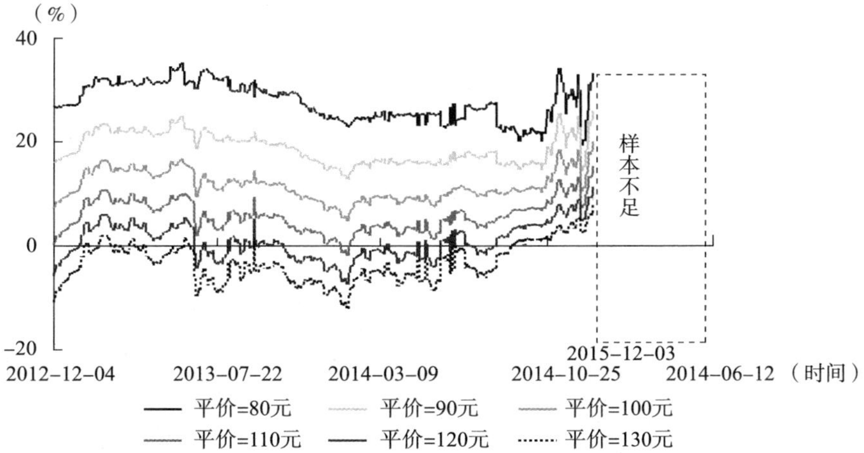

图27 “疯牛行情”带来的估值拉伸

资料来源：Wind。

注：2014年12月29日至2015年6月12日样本较少、模型拟合效果较差，结果参考意义较低。

总结来看，“疯牛”阶段的市场行情为我们带来了一些值得关注的基本规律：①剧烈的牛市行情会导致存量转债大面积转股，从根本上改变转债市场的存量券分布结构；②在正股行情演化中，转债——尤其是强股性品种的估值倾向于出现明显拉伸，类似情况在此前的牛市周期中也曾出现；③持续的牛市行情中，在强势品种不断转股退出后，从指数层面看转债的表现往往会受到一定制约。

4）2015 年 6 月至 2016 年 1 月：熊市周期——狂欢之后，“股灾”降临。

2015 年 6 月，“股灾”来临，万得全 A 指数出现了超过 50%的深度回调，大量正股价格“腰斩”。受平价波动影响，转债指数同样经历了较大幅度回调（见图 28）。实际上，该阶段个券下跌对转债投资者的收益影响有限，主要是因为在前期牛市行情推动大面积转股后，实际存续的个券已所剩无几。

图 28 “股灾”中的转债指数

资料来源：Wind。

在“股灾”来临的初始时点，存量转债只剩下 7 只，其中民生转债、吉视转债、洛钼转债和通鼎转债已在此前执行强赎条款并即将退市，因此实际受到股灾正面冲击的仅有电气转债、格力转债和歌尔转债（见表 6）。这三只个券虽在“股灾”期间遭受了超过 30%的下跌，但因总规模较小（不足 100 亿元），从大类资产角度出发，冲击规模十分有限。此后，虽然期间还有顺昌转债、航信转债等新券补充，但最终受到影响的存量转债也不过 10 只。

表 6 "股灾"中受到实质性冲击的个券

转债代码	转债名称	退市日期	区间涨跌幅（2015-06-15—2016-01-28）	存量规模（亿元，2015-06-15）
第二轮熊市中一直存续的标的				
113008. SH	电气转债	—	-53. 02%	60. 00
110030. SH	格力转债	2019-12-25	-46. 54%	9. 80
128009. SZ	歌尔转债	2017-07-10	-34. 35%	25. 00
已触发强赎条款，即将退市的标的				
110023. SH	民生转债	2015-07-01	—	153. 69
113007. SH	吉视转债	2015-07-15	—	16. 83
113501. SH	洛钼转债	2015-07-16	—	49. 00
128007. SZ	通鼎转债	2015-07-20	—	2. 03

资料来源：Wind。

注：此处不包含已发行未上市的航信转债（2015 年 6 月 12 日发行，6 月 30 日上市）。

在估值层面，由于存量个券数目急剧下降，各价位转债的估值中枢也无从捕捉。

总体看，在暗无天日的"股灾"中，由于转债市场缺乏存量债，从大数资产配置的角度看，对债市的整体冲击并不像指数那么严重。此后，由于存量券长期处于低位，转债市场就此进入漫长的"冬眠"。

5）2016 年 1 月至 2017 年 2 月：牛市周期——正股反弹到来，但存量转债已所剩无几。

2016 年 1 月末至 2017 年 2 月，正股迎来反弹，但转债市场存量个券并未得到充分补充，指数也没有呈现出与正股相匹配的涨幅。

正股方面，万得全 A 指数自 2016 年 2 月起震荡上行，此后全国"两会"召开、正股注册制暂缓，前期持续走弱的市场情绪渐趋稳定。同期，政府工作报告指出要推进股票、债券市场改革，促进多层次资本市场健康发展，保持经济运行在合理区间，着力加强供给侧结构性改革，A 股市场在政策刺激下重回上行区间。

然而在此期间，中证转债指数并未出现与正股相匹配的涨幅。这很大程度是由于，在前期“疯牛”和“股灾”等极端行情冲击下，规模大减的转债市场并无有效新券补充，因此在本轮权益市场牛市周期中，中证转债指数反映的变化更多的是少数个券（包含部分“股灾”中正股受到影响的品种）的表现，指数走势的讨论价值有限，转债市场仍处于剧烈行情变动后的“沉睡”时期（见图 29）。

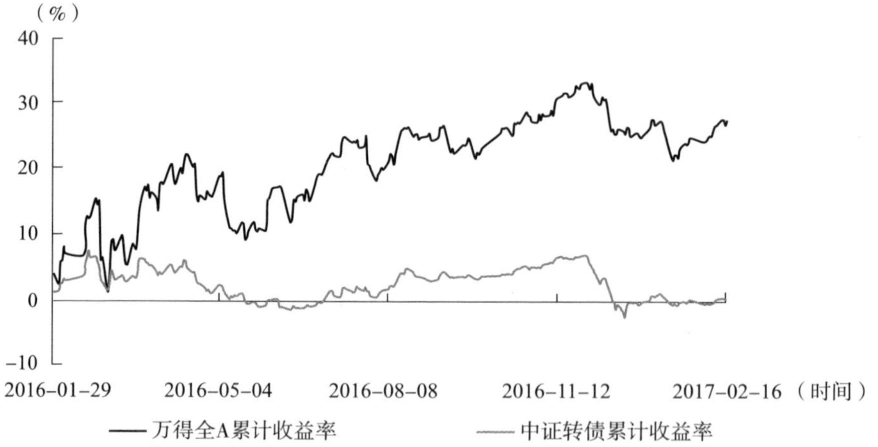

图 29　正股出现反弹，但转债指数仍然震荡

资料来源：Wind。

值得注意的是，本轮周期尾声阶段，2016 年 11 月特朗普当选美国总统、2016 年 12 月美联储宣布加息等，对 A 股市场带来较大的不确定性，这样的情绪冲击对存量券估值也带来了明显的负面影响，见图 30。

3. 第三阶段“成长期”（2017 年 2 月至今）——蓬勃发展

（1）政策加持，市场迎来快速发展契机。

2017 年可谓转债市场的“现代史元年”，在诸多重大政策的推动下，转债市场开始了持续至今的高速扩容周期。2017 年 2 月，再融资

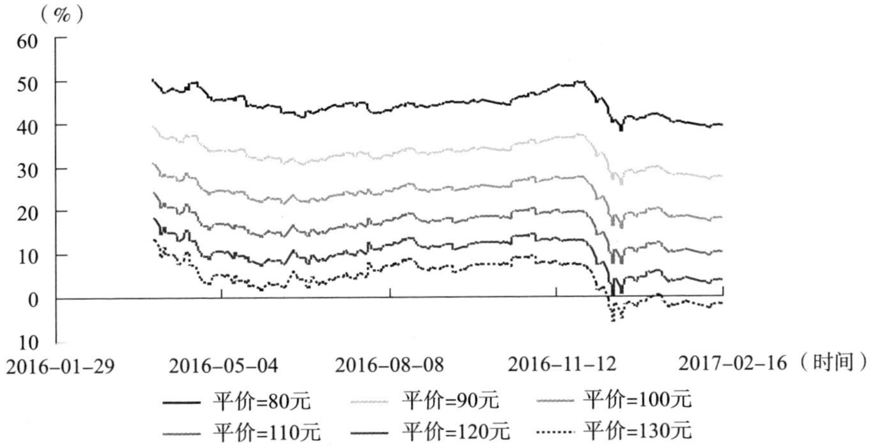

图 30　海外事件冲击对估值中枢带来短暂负面影响

资料来源：Wind。

注：2016 年 1 月 29 日至 2016 年 3 月 23 日样本较少，不足以拟合出有效结果。

规则出现重大调整，新增对定增发行的股本限制和再融资间隔期设定。定增的边际收紧，倒逼具有融资需求的企业搜寻替代性品种。此前长期处于低迷状态的转债产品，因得益于转股条款所具有的天然股权性质，再次进入发行人视野。同年 5 月，证监会发布《上市公司股东、董事、监事、高级管理人员减持股份的若干规定》（以下简称《减持新规》），大股东、董监高面临更为严格的股票减持规定，减持受让方在 6 个月内同样会受到约束，此前盛行的"过桥减持""清仓式减持"以及董监高通过辞职实施减持等定增减持方式都受到严格约束，这也从侧面助推了上市公司通过转债工具进行再融资的需求。同年 9 月，《证券发行与承销管理办法》进一步完善，对可转债、可交债发行方式进行调整，由资金申购改为信用申购，进一步改善了转债品种的市场环境。

在再融资新政和《减持新规》的加持下，配合信用申购制度开启，转债市场规模大幅扩张。此后，转债市场关注度日益提升，投资者结构越发多元，蓬勃发展的扩容周期正式开启。自 2017 年 3 月开始，转债市场存量规模显著提升，至2018年11月已达到并超过前期1739亿元的峰值水平；2020年1月至今，转债市场延续前期势头，规模容量稳步增长（见图31）。

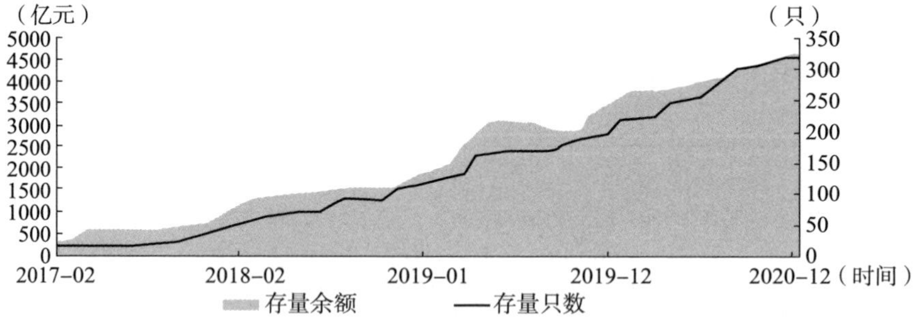

图31　转债市场存量

资料来源：Wind。

（2）随着市场规模扩张，转债和正股联动性有所增强。

行情演化方面，该阶段权益和转债均未出现“疯牛”和“股灾”等极端行情，但在快速扩容过程中，转债市场仍然经历了典型的牛市、熊市和震荡周期。同时，随着市场规模扩大和存量品种不断丰富，各周期中的股债相对涨跌以及估值变化，对当前市场转债价格研究也有了越来越高的参考价值。

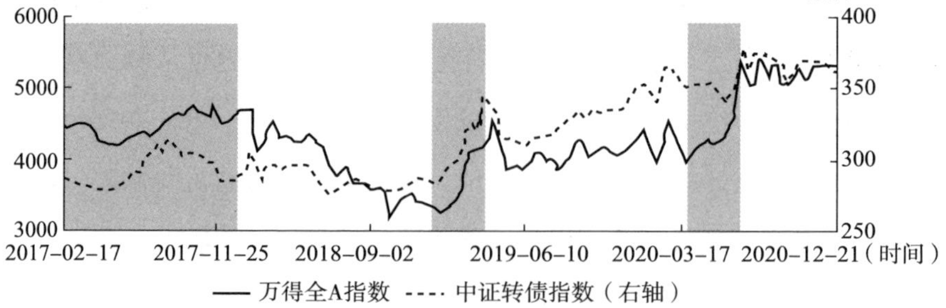

图32　转债和正股联动性增强

资料来源：Wind。

总体来看，随着存量转债的不断丰富，中证转债指数和万得全A指数走势呈现出较强的相关性，但部分时期两条曲线也存在着明显背离（见图32），我们在后文中将重点关注和讨论。

（3）转债行业分布不断丰富。

截至2020年末，在SW一级行业分类下，银行类转债仍然是市场中规模占比最高的行业类别，存量转债余额远超其他行业。除银行转债外，公用事业、有色金属和交通运输业转债存量规模分列前三位。而从存量券数量看，排名前三的行业则分别为化工、医药生物和机械设备。相较前一阶段，当前存量转债覆盖的行业大大丰富，尤其是前期规模较小的消费、科技等行业，得到了充分补充。随着覆盖行业的不断完善，偏股型转债策略也得到了更为广泛的行业配置空间，见图33。

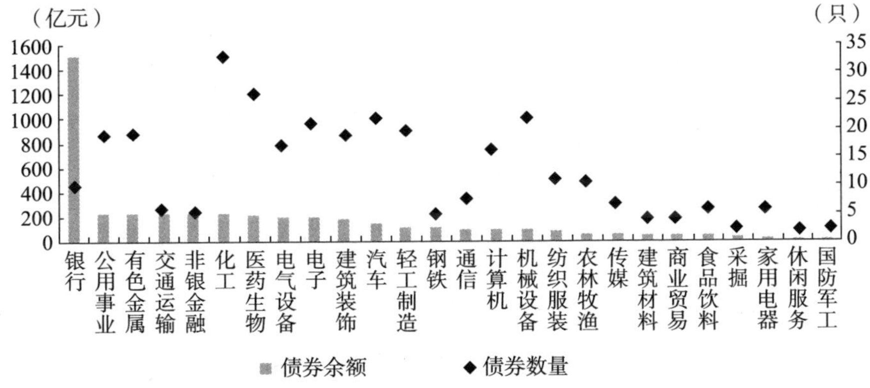

图33　转债发行行业（截至2020年12月31日）

资料来源：Wind。

随着存量转债规模不断上升，以及覆盖行业的逐渐丰富，个券价格变化的趋同特性有所减弱。在此前存量标的数目较少的时期，属性相近的个券时常表现出“同涨同跌”特性。这是由于当存量标的有限时，若某一领域品种出现明显利好信号，投资者很难在合理的成本下足额买入真正“心仪”的个券，因而往往只能退而求其次，挑选具有类似属性的品种，导致大量个券出现局部领域“消灭低价券”的趋同行情。在市场规模扩大后，各领域转债挑选空间大幅扩充，前期因备选个券不足而引发的价格趋同效应相应减弱。

（4）平价分布改变带来策略重心分化。

从平价分布的变化看，该阶段转债市场可以 2019 年初为界进行划分。2019 年之前，存量标的中低平价品种占比相对较大，尤其是在 2018 年熊市阶段，平价 80 元以下的品种占比时常过半。在这样的市场结构下，低价配置策略会得到较大施展空间。自 2019 年初的正股行情之后，转债市场中高平价品种占比显著增加，尤其是在 2020 年，高平价品种占比持续处于高位，而低平价品种的挑选空间则十分有限，这也导致 2020 年的策略重心转向偏股型品种的个券筛选，见图 34。

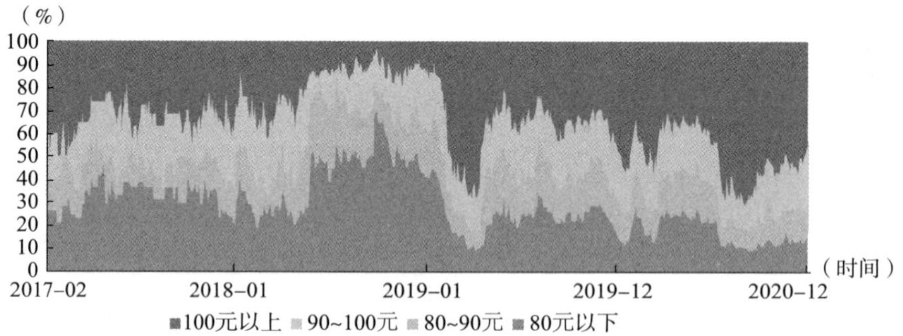

图 34　2019 年前后平价分布变化

资料来源：Wind。

（5）分阶段行情回顾：穿越牛熊，无论偏股偏债都曾大放异彩。

见表 7 所示，该时期转债和正股大多处于牛市或震荡状态，持续较长的熊市周期仅 2018 年一段。2017 年转债市场迎来发展契机后，权益市场行情为市场扩容也提供了较为有利的环境。从转债—正股行情对比来看，各周期内转债表现符合“涨跌幅度接近正股，波动更为温和”的基本特点，但在部分特殊时期，两市场行情仍存在明显差异，这也是我们在回溯研究中需要重点关注的时期。

表7　2017年2月至2020年7月正股和转债行情以牛市和震荡为主

市场状态	时间	中证转债指数涨跌幅	万得全A指数涨跌幅	市场状态	时间	中证转债指数涨跌幅	万得全A指数涨跌幅
震荡	2017-02—2018-01	9.35%	9.06%	熊市	2018-01—2019-01	-9.96%	-32.39%
牛市	2019-01—2019-04	18.53%	37.02%	震荡	2019-04-22—2020-03	4.79%	-11.23%
牛市	2020-03—2020-07	8.44%	34.66%	震荡	2020-07—2020-12	0.04%	4.21%

资料来源：Wind。

1）2017年2月至2018年1月：震荡周期——市场波动，高速扩容窗口开启。

2017年2月至2018年1月末，指数反复震荡，本轮转债市场扩容周期悄然开启。

2017年2月17日，证监会发布定增新规。一方面，规范上市公司非公开发行股票融资，明确限制过度融资，定增受限；另一方面，因可转债具有不受融资冷却期限制、可及时减持、享受绿色通道等优势，转债作为定增的替代性品种再次进入投资者视线，市场迎来高速发展期。

2017年2月17日至2018年1月24日，不到一年时间即有42只转债新券发行，总规模达996.21亿元。在该时期以白马龙头为主导的行情中，转债涨幅曾一度超过正股，主要是因为前期发行的新券中，包含了大量强势行业大盘品种，例如歌尔转债（第一期）等均贡献了显著的正向收益；同时转债市场也得到了估值拉伸所带来的行情助推，再一次印证权益市场情绪往往会带来转债估值的拉伸，进一步支撑并强化了转债行情，见图35。

当市场各价位估值中枢累积至高位后，在2017年下半年权益市场回调过程中，转债也会受制于估值的高位回落，导致回调幅度大于正

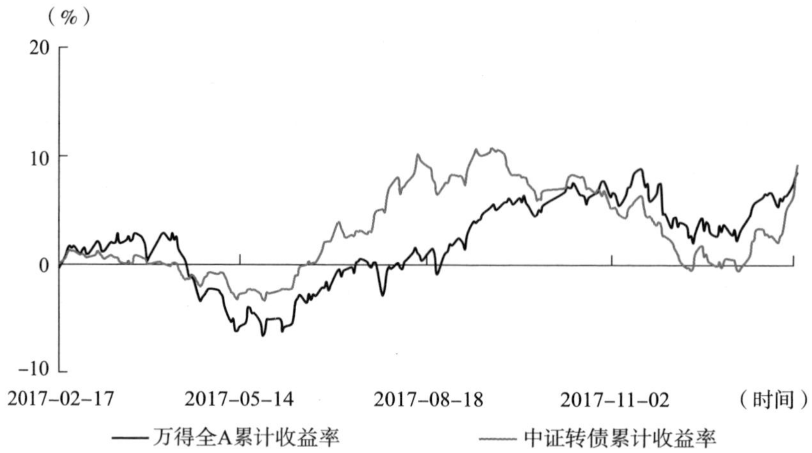

图 35　本轮扩容伊始，市场整体呈震荡态势

资料来源：Wind。

股——这样的情况与从 2019 年下半年的估值拉伸至 2020 年 5 月的市场回调非常类似。总结规律，当转债市场处于高估值环境时，其整体防御属性边际下降，若后续市场情绪明显降温，转债将同时面对正股回调和估值压缩两方面压力，从而出现比正股更大的调整幅度，见图 36。

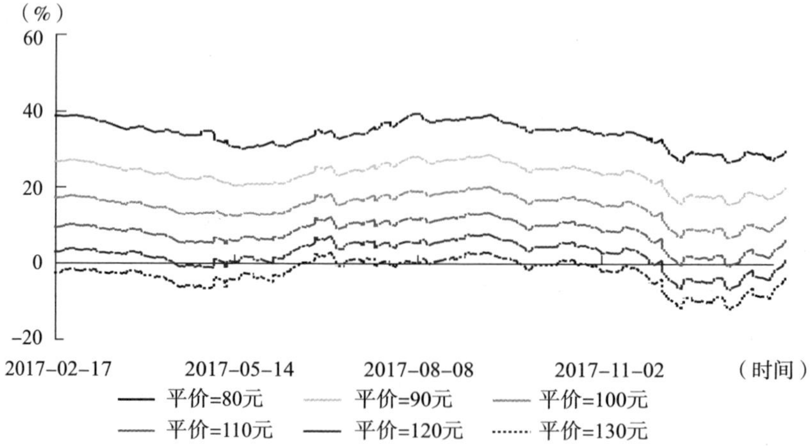

图 36　转债波动

资料来源：Wind。

此外，我们还观察到超大型银行转债对市场存量品种估值的供给冲击。本阶段有两只规模超百亿元的银行转债发行，分别是 2017 年 3 月发行的光大转债和 2017 年 12 月发行的宁行转债。在上述两个时点，我们均观测到各价位估值中枢的边际压缩。事实上，如果将样本进一步拓展至后续发行的中信转债、苏银转债和浦发转债等，这样的效应仍然成立。总体看，在转债市场存量规模尚未达到较高水平前，超大盘转债的供给压力是分析市场估值中枢变化时需要重点考虑的因素之一。

2）2018 年 1 月至 2019 年 1 月：熊市周期——慢慢下行中，转债防御属性凸显。

2018 年 1 月至 2019 年 1 月，在贸易争端和信用收紧等多方因素影响下，权益市场进入了长达一年的漫长熊市，万得全 A 指数在此期间出现逾 30%的累计下行。随着存量转债价格纷纷下降至接近债底后，转债品种特有的防御属性开始发挥强大作用，转债指数在正股持续下行中迅速企稳，其间下行幅度明显更小（见图 37）。

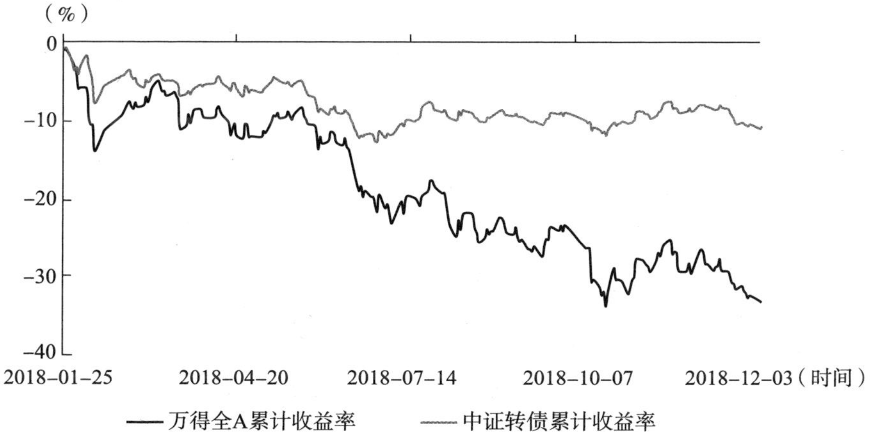

图 37　转债的防御属性

资料来源：Wind。

2018 年 1 月以来，在诸多事件冲击下，转债指数跟随正股开始调整。2017 年 5 月启动通道业务规范整顿，叠加 2018 年 4 月资管新规落地，非标资产加快清理、政策“去杠杆”，对市场流动性和融资环境带来冲击，社会融资增速不断走低。与此同时，中美贸易摩擦加剧，A 股面临的不确定性日渐增加，市场情绪趋弱；2018 年全年美联储 4 次加息，美元流动性收缩幅度大超市场预期，国内市场资金外流，引发汇率大幅贬值。在国内外因素的共同冲击下，2018 年万得全 A 指数跌幅超过 30%。

正股持续下行中，转债“退可守”的防御属性发挥得淋漓尽致。从指数变化来看，中证转债指数随万得全 A 指数短暂下行后迅速企稳，随着存量券平价中枢下移，债底保护开始发挥作用。在纯债价值托底下，转债价格逐渐企稳，不再跟随正股下行，各平价区间对应的估值中枢趋于稳定（在正股熊市行情下，至 2018 年下半年平价高于 100 元的品种已所剩无几，故此处仅呈现平价 100 元及以下区间所对应的估值中枢），见图 38。

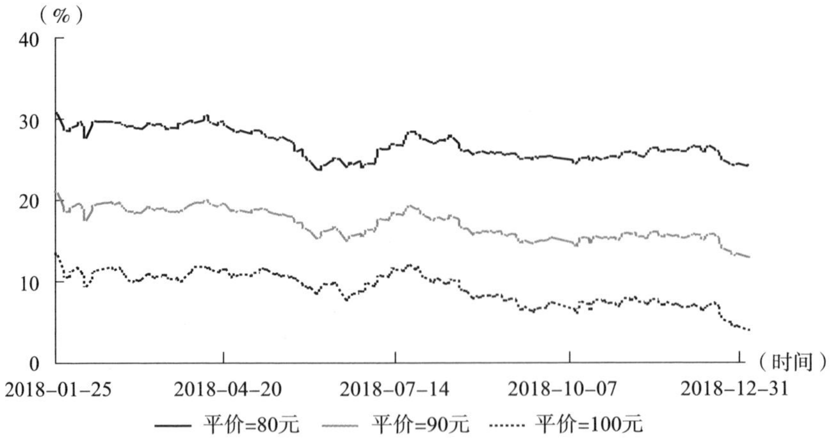

图 38　在熊市中，转债估值中枢逐渐企稳

资料来源：Wind。

2018 年末，本轮熊市接近尾声，偏债配置性策略迎来历史最佳布局机遇。在持续一年的熊市中，由于转债正股普遍承压，大量正股资质较强的品种落入偏债型区间。在债底保护下，除非这些个券暴露出实际违约风险，否则回撤空间已非常有限，上行至理论上限（即强赎触发价格）的空间较大，天然具有很高的性价比。即站在这一时点，在大量转债排除违约风险后，价格只有一个可能的发展方向——上行，剩下的则是静待市场情绪恢复，其间需要承担的回撤风险相对可控。总的来看，虽然权益市场在熊市环境中遭受重创，但转债品种因具有债底保护的独特优势，反而在危机中迎来了大范围的配置机会。

3）2019 年 1 月至 2019 年 4 月：牛市周期——复苏来临，配置型品种大放异彩。

2019 年 1—4 月，权益市场迎来久违的大幅反弹，转债市场随之上行（见图 39）。同时，此前大量处于偏债型区间的品种，在正股推动下回升至股性较强区间，低价配置策略迎来收获期。

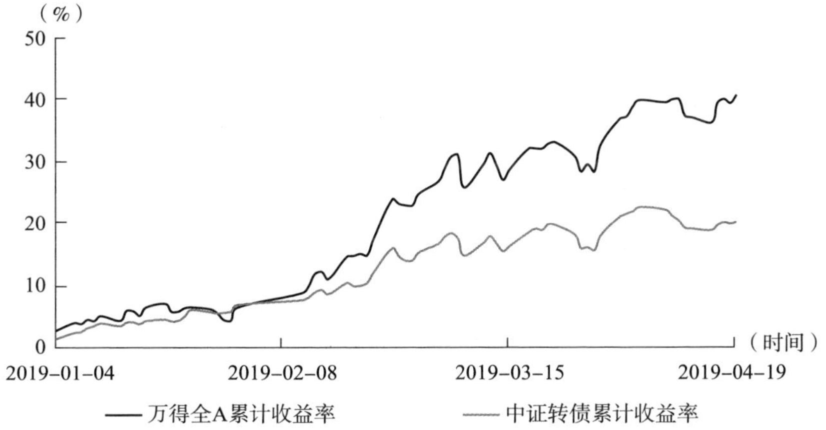

图 39 转债在正股带动下持续上行

资料来源：Wind。

进入 2019 年后，市场流动性边际改善，正股反弹拉开序幕，第一季度万得全 A 指数取得接近 40%的累计收益，转债市场随之上行。虽然其间转债指数上行幅度低于正股，但大量个券前期发挥了一定的风险抵御作用，并未出现大幅回撤。实际上，这样的上行幅度已经十分可观，拉长时间周期来看，其夏普比率较正股仍然具有一定优势。

随着情绪回升，前期受到压制的各价位估值中枢出现集体上行（见图40），进一步助推了转债价格的提振。在平价结构方面，截至本轮上行周期末尾，转债市场中平价80元以下的品种个数占比迅速压缩至10%左右，大量个券恢复到了股性较强的价格区间，在后续行情中将得到更为灵敏的正股驱动。

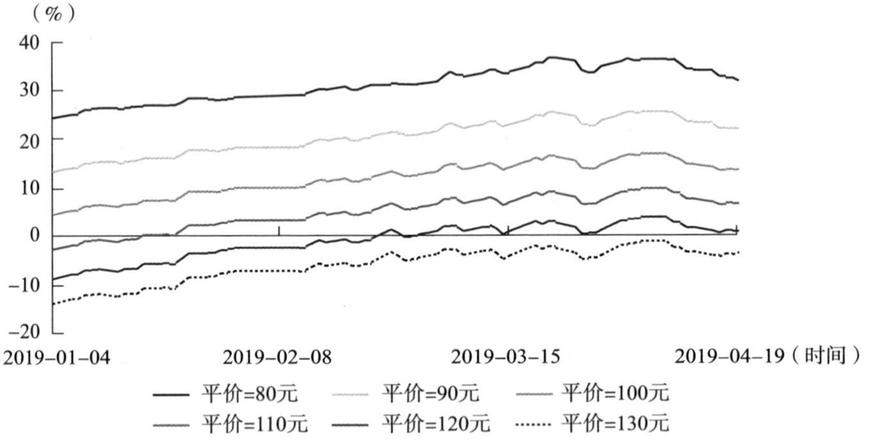

图40　情绪改善带来估值拉伸

资料来源：Wind。

市场回暖之下，转债新券发行热度显著回升。本轮周期中，转债新券合计发行49只，规模达1473亿元。

4）2019年4月至2020年3月：震荡周期——估值支撑下，转债迎来“非典型牛市”。

2019年4月至2020年3月，转债市场迎来一段戏剧性的行情——估值推动下，虽然权益始终维持震荡态势，转债却在估值的不断拉伸中出现了脱离正股的上涨。

2019年第一季度阶段性行情后，权益市场迎来长时间震荡，直至

2019年末中美达成第一阶段经贸协商，市场才迎来相对可观的涨幅。此期间内，转债市场并未遵循前文所述“上行区间涨幅往往不及正股”的历史规律，而是在初期调整后进入持续上行区间（见图41）。该时期支撑转债上行的力量，主要是各价位转债估值的持续拉伸。

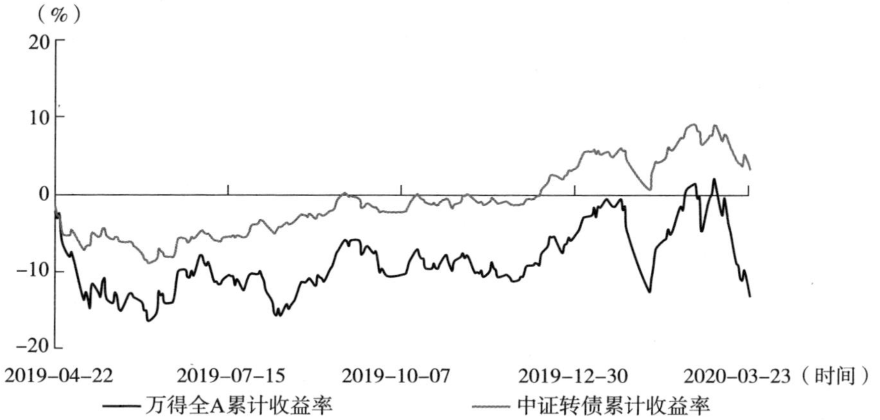

图41　转债出现脱离正股的上行行情

资料来源：Wind。

进入2019年下半年，转债品种具备的弹性特点逐渐成为固收市场中决胜的关键因素，也因此吸引了大量相对收益机构进入市场，尤其是前期转债仓位较低的机构，在相对收益压力下不得不增配转债，从而为市场带来了可观的增量资金（见表8）。从供需角度来看，新券供给维持稳定，而需求加速上升，市场出现了大范围的估值拉伸，催生出“正股不涨，转债上行”的特殊行情（见图42）。

表8　以基金为首的相对收益机构此期间不断增配转债　单位：亿元

时间	一般法人	基金类机构	券商类机构	保险类机构	个人投资者	其他
2019-06	934.87	328.12	244.58	359.47	86.38	61.76
2019-07	929.81	337.85	253.20	377.96	84.58	58.70
2019-08	899.22	339.08	253.21	402.34	84.52	54.01
2019-09	891.16	366.61	242.65	404.54	82.13	54.45

续表

时间	一般法人	基金类机构	券商类机构	保险类机构	个人投资者	其他
2019-10	892.26	362.64	247.33	403.76	79.08	56.77
2019-11	1175.71	409.85	303.15	512.55	96.78	67.86
2019-12	1200.88	436.97	311.05	540.49	85.97	60.05
2020-01	1223.56	492.61	310.67	563.89	93.07	64.37
2020-02	1207.65	501.84	330.58	572.97	89.19	61.51
2020-03	1188.75	500.11	320.40	533.22	120.51	54.16

资料来源：Wind。

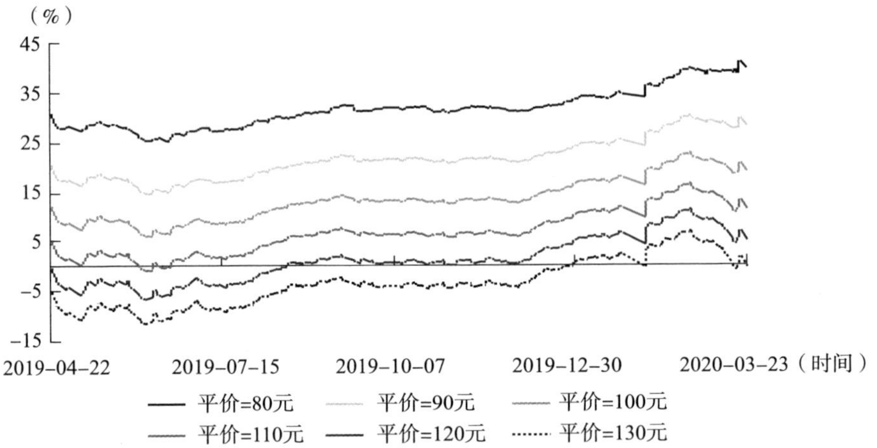

图 42　估值主动拉伸是支撑转债行情的动力

资料来源：Wind。

不过，这样的上涨趋势显然不可持续——估值不断拉伸至高位，背后反映的是市场将更多的未来预期提前“预支”到当前转债价格中，而这样的估值终究需要后续正股涨幅进行消化。因此，虽然估值拉伸支撑了该阶段的转债上涨行情，但同样也给后续的市场演化埋下了隐患。

值得注意的是，临近本轮周期结束，高低平价品种的估值变化趋势出现分化——高平价区间的估值中枢已趋于下行，但低平价区间的估值中枢仍在上升。这样的分化反映的是在高平价品种的“高价+高估值”下，投资者不得不将更多视线转移到低平价区间，正股资质稍好的配置型品种均获得了更高估值，进而促成了这一阶段“扫货低价券”的局部行情。

5）2020 年 3 月至 2020 年 7 月：牛市周期——高估值环境中，转债表现处处受制。

进入 2020 年第二季度，权益市场迎来慢牛行情，并在 7 月初开始大幅上涨。然而在这一过程中，转债市场却并未取得与之相匹配的涨幅，累计收益与正股逐渐拉开差距。究其原因，如果说在上一阶段，转债享受了估值拉伸带来的红利，那么到了这一阶段，转债便自此进入了痛苦的估值消化期。

本轮小周期内，万得全 A 指数取得近 40%的累计收益，而同期中证转债指数的累计收益不足 10%，甚至 5 月时还曾出现过“正股涨、转债跌”的特殊组合行情（见图 43）。诱发此种走势的最主要原因，就是前期市场累计的过高估值开始集中压缩。在这一阶段，相较前期持续震荡的权益市场，利率债和信用债的参与机会明显边际改善，加之前期市场整体估值水平亦处在非理性高点，多方面因素共同作用下，部分转债基金遭遇大额赎回（由此后发布的基金季报追溯判断），引发全价格区间估值的大幅压缩（见图 44）。

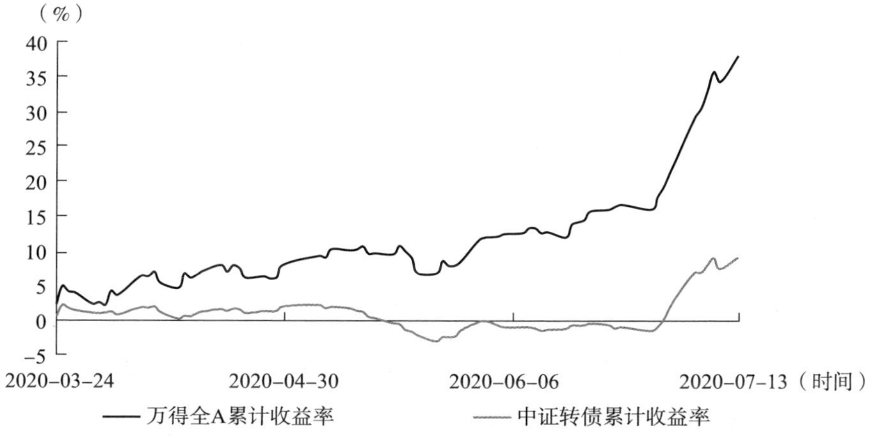

图 43　高估值环境对转债行情形成严重制约

资料来源：Wind。

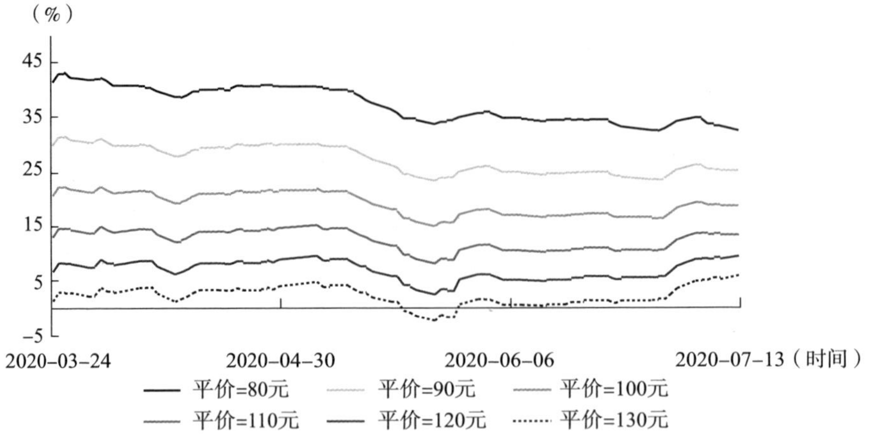

图 44　转债基金赎回引发估值中枢大幅压缩

资料来源：Wind。

需要注意的是，即便是在估值大幅压缩后，各价位转债对应的估值中枢仍然处在远高于 2019 年 6 月估值拉伸前的水平。也就是说，集中压缩后各价位估值中枢仍未脱离高位区间，而这样的环境未来仍将对大量传统策略形成掣肘。

在 7 月的正股行情中，高平价区间转债估值有所恢复，但转债市场并未出现此前的牛市行情。一方面是因为短期行情对转债市场的情绪驱动相对有限；另一方面也说明虽然前期估值出现边际压缩，但仍处较高位置，并不支持估值大范围拉伸。

6）2020 年 7 月至今（样本数据截至 2020 年末）：震荡周期——各价位估值急剧分化。

2020 年 7 月至年末，转债随正股指数一同步入持续震荡周期。

2020 年 7 月行情后，权益市场进入持续震荡阶段，转债市场随之出现波动行情（见图 45），其间周期、新能源和汽车等行业曾相继出现局部机会，但全面行情并未显现，不同行业和不同价位转债的估值分化程度进一步扩大（见图 46）。

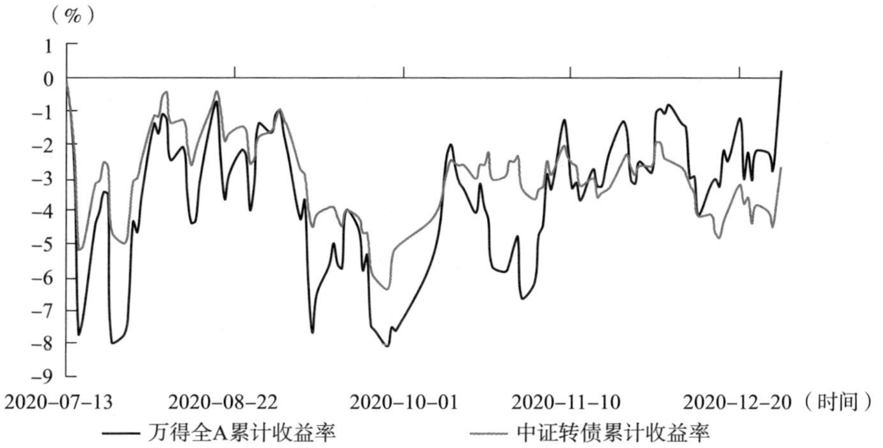

图 45　转债随正股呈现震荡行情

资料来源：Wind。

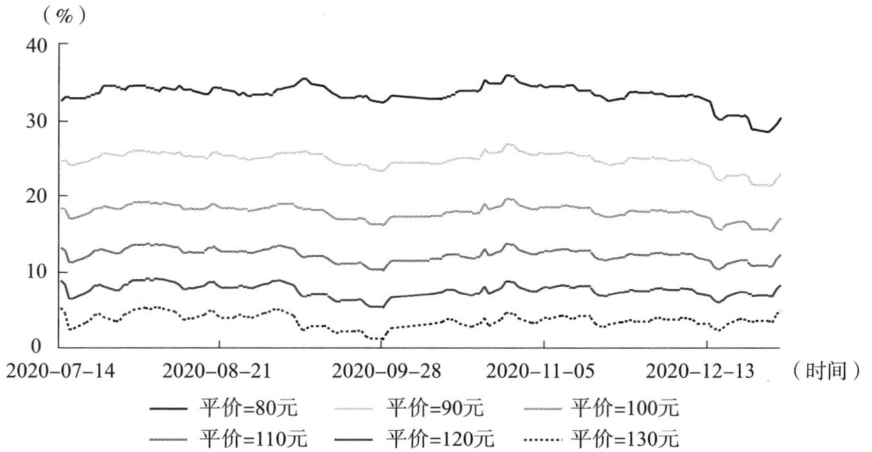

图 46　各价位估值中枢发生分化

资料来源：Wind。

该阶段末尾，转债市场迎来一个颇具历史性的事件——在部分个券信用负面事件的冲击下，转债市场第一次开始对信用风险认真定价。长期以来，由于具有低票息、转股后无须还本付息等优势，转债出现实际违约风险的可能性远低于同等级信用债，故其往往被视为一种自身信用风险极低的产品。实际上，截至2020年末，公募转债品种从未出现任何实质违约记录。

但2020年末的信用风险冲击使市场开始意识到，转债所面临的信用风险还可能来自发行人甚至集团公司其他债券的风险暴露。此前辉丰转债等少数案例面临的信用冲击，都存在很强的特殊性，且通常可以在较长时间内提前识别。而2020年12月的信用冲击，则主要源于部分个券发行人母公司的其他信用债，牵涉标的较多，因而对市场的整体影响更为广泛，调整幅度也更大。

从各价位估值中枢的历史分位数看，本轮信用冲击导致低价位区间的估值中枢出现明显重定价，而偏股型转债则继续维持高估值水平。从2017年以来的历史分位数来看，截至2020年12月31日，高平价区间的估值中枢已接近历史峰值，而低平价区间的估值中枢则处于历史分位数水平之下（见表9）。

表9 高低价位估值中枢历史分位数严重分化

2020-12-31 估算估值历史分位数（2017年起）（%）						
平价（元）	80	90	100	110	120	130
反比例估算（%）	37.30	52.90	68.00	83.40	91.60	95.80
多项式估算（%）	40.60	66.30	88.30	97.50	—	—
log（x）估算（%）	21.60	49.40	80.40	95.40	98.00	99.00

资料来源：Wind。

注：估算方法见本书第九部分。

（三）结语——下一步，黄金时代

本部分讨论了中国转债市场发展的三个阶段——试水、探索与快速成长。截至2020年末，转债市场仍处于快速扩容期，我们的历史回溯分析也在此成长周期中告一段落。

可以预见的是，当前转债市场远未达到真正的成熟期，在市场后期扩容以及覆盖行业进一步丰富的情况下，转债市场必将迎来更为广阔的策略施展空间。同时，随着市场交易机制的不断完善，海外市场相对成熟的套利策略也将在国内市场迎来实战机会，转债将进一步发挥其作为衍生工具的强大作用。但站在当下，转债市场的快速发展期未完待续，真正的“黄金时代”还远未到来。

小贴士

值得关注的细节问题

投研工作中，转债市场的复盘一般选择多长的样本区间？

建议从 2017 年本轮市场扩容开始。在更早阶段，转债市场经历了 2015 年“疯牛”行情后长时间的标的真空期，缺乏有效样本，而 2010—2015 年市场存量转债的行业、规模分布及条款设置都存在一定区别，缺乏可比性。因此，虽然 2017 年以来的样本时段并不算长，但我们在转债复盘研究中通常都选择这一时段来进行回顾，并且将其作为计算历史分位数等指标的参考基点。

三、一只新券的诞生之路

在此前章节中，我们对转债产品的基本构成、特征、价格分析方法以及中国转债市场发展的三个阶段进行了介绍。本部分对转债新券的发行流程以及打新策略的参与思路进行介绍。

（一）一只新券如何诞生

在详细介绍转债新券的分析思路前，首先需要了解的是一只新券的诞生过程，如此才能对新券未来的供给节奏进行预判，并探索哪些新券可能在近期发行，进而做好新券研究的前期准备工作。

1. 发行前审批流程：重点关注已进入流程后期的预案

转债发行预案的审批流程从最初的方案设计和文件起草，到最后的顺利发行，需要经历发行公司内部及监管机构等多环节审核。图 47 展示了标准的转债发行预案审核流程，在拟发行转债的公司完成初始文件起草后，发行预案需要在公司内部经董事会决议，并上报股东大会审议。股东大会通过后，相关材料将上报证监会，待受理后提交至发行审核委员会（简称“发审委”）。在取得反馈意见后，发行人参照修改并再次提交，经证监会正式核准后获得发行批文。由此审核流程暂告一段落，并进入发行阶段。

转债发行预案各流程审核时间在不同个券之间可能存在较大分化。

以 2019 年上市的博威转债为例，其发行预案于 2019 年 6 月 11 日公布，6 月 27 日经股东大会决议通过后上报证监会，并于 8 月 13 日收到反馈意见，9 月 4 日公司对反馈意见进行公告和回复。2019 年 11 月 2

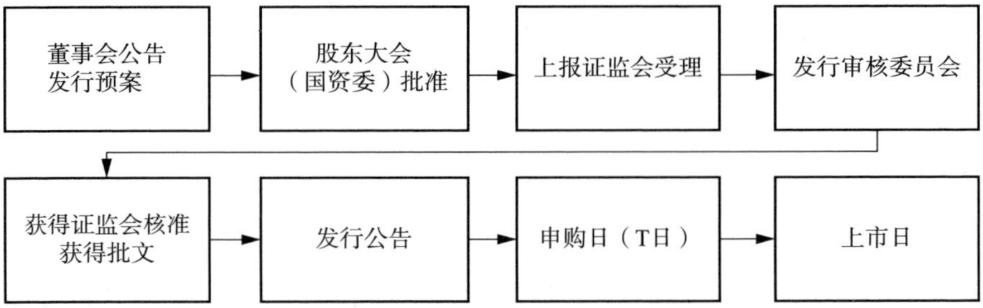

图 47　转债发行预案的审核流程

日，在经历两轮反馈、回复和修订后，发行预案获得发审委审核通过，并于 12 月 14 日通过证监会核准，取得正式批文。最终，博威转债于 2020 年 1 月 8 日发布发行公告，开启发行工作。

上述案例中，博威转债从最初提出发行预案到最后获得批文仅约半年时间，审核流程进展较快。然而发行日期相近的乐普转债的发行预案早在 2018 年 3 月 13 日即已公布，但直到 2019 年 12 月 19 日才获得批文，整个审批过程耗时逾一年半。

对 2017 年 9 月实施信用申购以来，转债新发品种各环节耗时进行统计，发现不同个券之间的审核进度的确存在很大分化。大体看，从股东大会公告日到发审委通过日通常会消耗最多时间，且该阶段耗时波动也较大；而由董事会公告预案到股东大会公告日，以及证监会核准到发布发行公告，这两个阶段的耗时则相对较短，时间波动幅度也相对较小。

从平均水平来看，自股东大会公告至通过发审委审核平均耗时 157.9 天（本部分均按照日历日计算），远高于其他环节，且标准差达到 53.4 天，波动较大，即该阶段耗时判断难度较大。但在通过证监会核准后，距离发行平均时间仅 39.1 天，虽耗时仍存在一定波动，但总体看平均时间不长，并且在下一阶段即可进入发行环节。因此，通过证监会核准对于新券预案的跟踪来说是一个极其重要的时间节点，见图 48，见表 10。

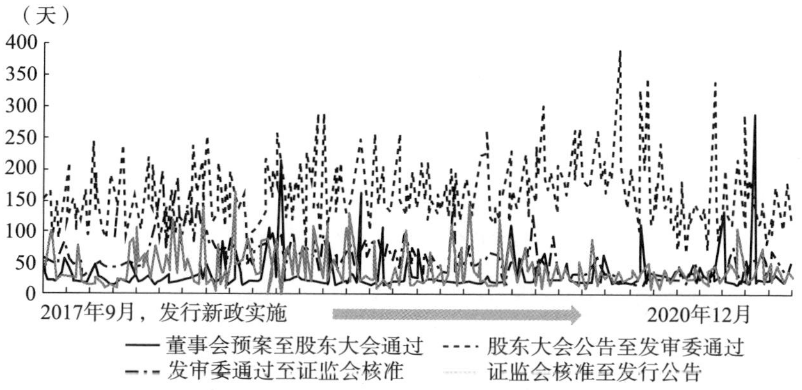

图 48　股东大会公告日到发审委通过日之间通常会消耗最多的时间

资料来源：Wind。

注：折线图中未展示极端值通光转债，其股东大会公告至发审委通过耗时 552 天。

表 10　转债审核各环节耗时统计

单位：天

	董事会预案至股东大会通过	股东大会公告至发审委通过	发审委通过至证监会核准	证监会核准至发行公告
平均耗时	27.7	157.9	51.8	39.1
耗时标准差	28.8	53.4	28.8	29.4

资料来源：Wind。

截至 2020 年 12 月 31 日，存量公募转债发行预案达到 125 份，如对预案标的全覆盖将耗费大量时间和精力，且转债前期审核流程耗时较长，并存在较大的不确定性。因此，建议对已取得证监会发行批文的预案进行重点个券预储备工作；对于尚处审核流程前期的预案，则以关注各阶段预案规模的转移趋势为主，以期对判断后续转债的供给节奏有所帮助。

截至 2020 年 12 月 31 日，过去一年内公布的转债发行预案总规模达到 2715.8 亿元，其中 393.3 亿元已通过证监会核准并取得批文，有望在较短时间内发行；1849.9 亿元尚处股东大会公告阶段，暂未通过发审委审核，后续发行进度存在较大不确定性；处于董事会公告和发审委通过阶段的预案规模占比较小，分别为 271.4 亿元和 201.3 亿元，见图 49。

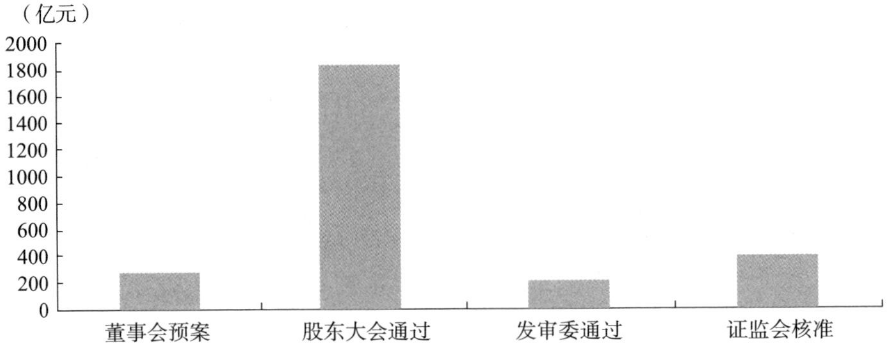

图 49　截至 2020 年 12 月 31 日，处在股东大会通过阶段的存量预案规模较大

资料来源：Wind。

2. 转债的发行安排

当预案获得证监会发行批文后，转债发行人便可选择发行日期，并开始预路演等工作（发行批文的有效期通常为 6 个月或 12 个月①）。当发行人与承销商确认了最终发行日期，正式启动发行工作后，公司便会在相应交易所发布转债新券的发行公告、募集说明书等重要文件，并在文件中披露具体发行安排。

通常来说，转债新券的发行安排可分为设置网下申购渠道与未设置网下申购渠道两种模式。其中，网下申购主要针对机构投资者设置，允许的申购上限较高（一般在 10 亿元左右）；网上申购则主要针对公众投资者，允许的申购上限仅为 100 万元，且需要结合中签率进行摇号分配。在新券的发行安排中，公募转债均会设置网上申购渠道，其中一部分转债会选择开启网下申购渠道，而另一部分则不会设置这一渠道，从而形成了“网上+网下”和“纯网上”两种常见的发行安排。

① 极少数情况下，转债发行人也可能由于自身的特殊情况申请延长批文。例如，交通银行可转债发行预案在 2018 年 12 月 28 日已获得发行批文，但其在 2019 年 4 月 29 日发布公告称，将转债有效期延长 12 个月至 2020 年 6 月 28 日。截至 2020 年 12 月 31 日，交通银行本期转债仍未发售，已超过延长后的批文有效期。

此外，新券发行过程中还会安排原股东优先认购环节，通常原股东可参与的申购比例与其持有正股的比例相等。

表 11 以顺丰转债为例，展示了一个典型的转债发行流程。其中：T-2 日，发布发行公告、募集说明书等文件；T-1 日，开启针对机构投资者的网下申购工作，同时参与原股东优先认购的投资者需进行股权登记，以确定可优先认购的比例；T 日，开始网上申购及原股东认购工作。至此，各渠道申购工作告一段落。在随后的几个交易日内，发行人将陆续公布网上和网下申购的配售额度、中签结果、缴款情况等相关信息。

表 11　顺丰转债发行安排

日期	交易日	发行安排
2019-11-14 星期四	T-2 日	刊登募集说明书及其摘要、《发行公告》《网上路演公告》
2019-11-15 星期五	T-1 日	网上路演 原股东优先配售股权登记日 网下申购日，网下机构投资者在 17：00 前提交《网下申购表》等相关文件，并于 17：00 前缴纳申购保证金
2019-11-18 星期一	T 日	刊登《可转债发行提示性公告》 原无限售股东优先配售认购日（缴付足额资金） 原有限售股东优先配售认购日（11：30 前提交认购资料） 原有限售条件股东 11：30 前缴纳认购资金 网上申购（无须缴付申购资金）
2019-11-19 星期二	T+1 日	刊登《网上中签率及网下配售结果公告》 根据中签率进行网上申购的摇号抽签
2019-11-20 星期三	T+2 日	刊登《网上中签结果公告》 网上投资者根据中签号码确认认购数量并缴纳认购款 网下投资者根据配售金额缴款（如申购保证金低于配售金额）
2019-11-21 星期四	T+3 日	保荐机构（主承销商）根据网上资金到账情况确认最终配售结果
2019-11-22 星期五	T+4 日	刊登《发行结果公告》

资料来源：顺丰转债发行公告。

发行工作完成后，转债新券距离正式上市交易通常还需要约一个月时间。

我们对 2017 年至 2020 年底转债新券从发布发行公告至上市交易的时间进行了统计，发现该过程耗时通常为 20~40 天，平均耗时 28.8 天（即约 1 个月），且波动较小，标准差仅 6.3 天（见图 50）。

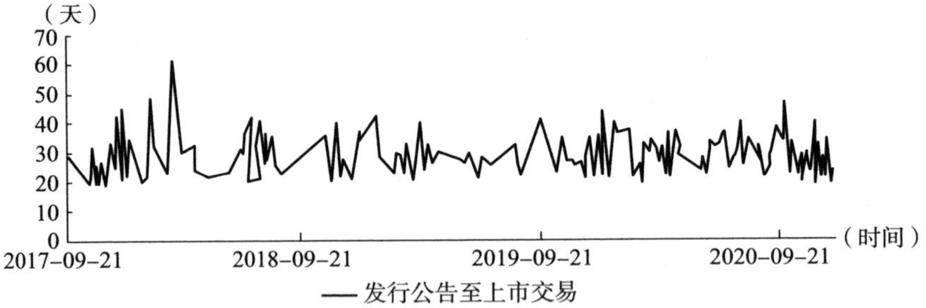

图 50 新券距离正式上市交易通常还需要约一个月时间

资料来源：Wind。

（二）转债打新指南

1. 转债的打新收益来自何处

在对转债预案的审核、发行流程有了基本认识后，接下来进入本章节的重点环节——对转债的打新机会进行分析。

转债打新策略是参与转债市场的最常见策略之一，其基本思路是在转债发行阶段参与申购以获配新券，并在转债上市的第一天将其卖出，进而赚取价差。打新给予了投资者以票面价值，也就是 100 元/张的价格购入转债的机会，这意味着只要转债的上市价格超过 100 元，参与转债打新即可获得正向收益。

在确定转股价时，通常规定“不得低于募集说明书公布前一个交易日股票交易均价与发行前二十个交易日股票交易均价的孰高者”。这意味着转债发行时，除非正股处于剧烈波动期，否则转债正股的市场价与新券的转股价应该处在相近水平，对应平价也将在 100 元左右。假设参与申购时转债的平价等于 100 元整，即正股价格与转股价相等，那么在转债正式上市并可进行交易时，正股价格无外乎出现如下三种变化（见图 51）。

正股价格上行：在此情境下，上市时转债的正股价格将高于转股价，即平价高于 100 元。此时，转债将得到一个相对较低的转股溢价率，但由于平价本身已经超过 100 元，因此即使转股溢价率不高，转债的上市价格也将超出 100 元的申购价格，即参与打新可取得正向收益。

正股价格持平：在此情境下，上市时转债的正股价格仍与转股价持平，即平价等于 100 元。此时，转债将得到一个相对中等的转股溢价率，叠加 100 元的平价，转债的上市价格也将超过 100 元的申购价格，即参与打新可取得正向收益。

正股价格下行：在此情境下，上市时转债的正股价格将低于转股价，平价也相应低于 100 元。此时，转债将得到一个相对较高的转股溢价率。若上市时平价在叠加转股溢价率后使得转债价格超过 100 元，那么参与打新仍可获得正向收益；而若上市时平价叠加转股溢价率后仍未达到 100 元，那么参与打新将遭受亏损。

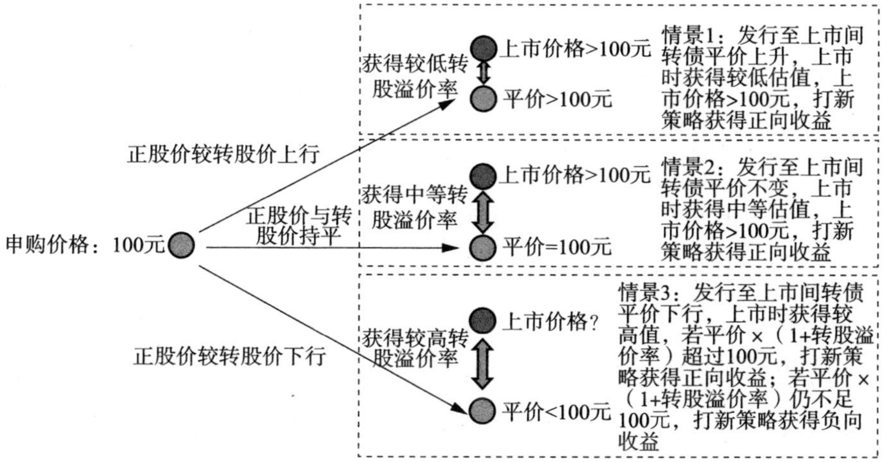

图 51　参与转债打新可能得到的结果

由此可见，若非转债在发行到上市期间，正股出现了幅度较大的调整，以至于叠加转股溢价率后转债价格仍无法达到100元，那么参与转债打新均可获得正向收益。此外，在如下两种情况下，转债打新策略的胜率或将下降：①权益市场整体处于下行区间时，新券发行后正股出现系统性调整的概率增大，从而增加参与转债打新的风险；②市场整体处于低估值时期①，转债上市后可获得的转股溢价率有限，从发行到上市期间留给正股价格下行的“安全垫”空间将收窄，进而增加了参与打新的风险。需要注意的是，上述两种情况一定程度上都是市场预期低迷的表现，因此常常会同时出现。反之，在权益市场的牛市时期以及转债市场的高估值环境下，参与打新的安全性则通常有更高保障，见图52。

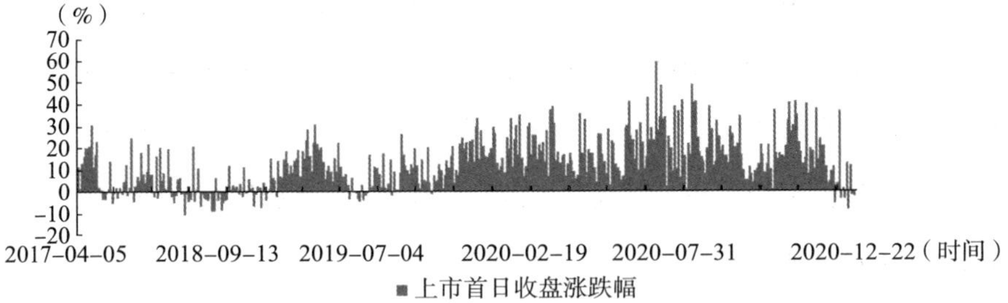

图52　除熊市时期外，打新策略均有较大机会取得正向收益

资料来源：Wind。

2. 及时跟踪打新机会：关注重要文件中的关键信息

在转债正式发行之前，发行人会提前在交易所发布发行公告、募集说明书、信用评级报告等重要文件。根据这些文件的内容，我们可以对新发转债的几乎所有重要基础信息进行整理。表12以奥瑞转债为例，整理了其募集说明书和发行公告发布后的关键信息，这些信息背后的重要意义可参考本书第一部分“初识转债真面目”第二节内容。有了这

① 指市场给予各价位转债的估值处在较低位置，特指估值主动压缩后的情形，而估值的被动变化并不会带来实质影响。

些内容后，便可对这只新券开展一系列基础分析工作。

表 12　奥瑞转债发行条款汇总

转债名称	奥瑞转债	转债代码	128096. SZ
正股名称	奥瑞金	正股代码	002701. SZ
发行规模	10. 868 亿元	所属行业	轻工制造
发行方式	本次发行的可转债向股权登记日收市后登记在册的公司原股东优先配售，原股东优先配售后余额部分（含原股东放弃优先配售部分）通过深交所交易系统网上向社会公众投资者发行。本次发行由保荐机构（主承销商）组建承销团承销，本次发行认购金额不足108680. 00 万元的部分由保荐机构（主承销商）余额包销		
存续期	6 年		
票面利率	第一年 0. 50%、第二年 0. 80%、第三年 1. 00%、第四年 1. 70%、第五年 2. 00%、第六年 2. 30%		
初始转股价格	4. 70 元/股（若在募集说明书公告日前 20 个交易日内因除权、除息引起股价调整，则需做出相应调整）		
转股期间	2020 年 8 月 17 日至 2026 年 2 月 11 日		
赎回条款	（1）到期赎回：期满后 5 个交易日内，按债券面值的 110%赎回。 （2）有条件赎回：转股期内 15/30、130%；未转股票面总金额不足3000万元		
下修条款	存续期内，15/30、85%		
回售条款	最后两个计息年度，连续 30 个交易日收盘价低于转股价的 70%		
信用评级	主体：AA+；债项：AA+；上海新世纪资信评估投资服务有限公司		

资料来源：奥瑞转债发行公告、募集说明书。

前文中提到，常见的转债发行安排有“网上+网下”和“纯网上”两种。对于机构投资者而言，是否设置网下申购渠道很大程度上决定了其能否有效参与新券的申购。因此，在信息整理过程中，是否设置网下渠道是重要关注点之一。

通常来说，承销商意愿会对一只转债是否设置网下申购渠道产生决定性影响。一般情况下，转债发行过程中如未足额认购或认购后未缴款，所剩余额度均由承销商包销，故当转债申购遇冷时，承销商将面临较大的包销风险。因此，在市场打新热度不高时，承销商通常会选择同时开启网上和网下申购渠道，以保证尽可能多的资金参与申购，毕竟网下渠道的申购量往往远超网上；而当市场的申购热度较高时，承销商则可能选择不再设置网下申购渠道，这是因为此时网上申购金额往往已经达到足额申购的要求，处理流程较为烦琐的网下申购渠道便可不再设置，或是通过调低网下渠道的允许申购上限等方式间接降低网下申购的参与热度。

同时，这也解释了为何新券是否设置网下申购渠道与发行规模存在很大联系。对于规模较小的新券，即使不设置网下渠道，其出现大额包销的风险也相对较低；对于规模较大的新券，如不开启网下渠道，承销商或将面临较大的包销压力。

举例来看，2019 年初，市场在经历了 2018 年的低迷行情之后，对于转债新券的申购热情尚未完全恢复，此时恰逢权益市场行情回暖，大量 2018 年积压的转债预案在 2019 年初集中发行。由于市场的打新热情尚未全面回暖，故此时绝大多数发行的转债新券（特别是规模较大的品种）都设置了网下申购渠道。截至 2019 年末，在转债市场整体高估值的环境下，参与打新的“安全垫”较高，新券的申购热度也持续高涨，此期间新券的网上申购户数往往达到 120 万户以上，且单账户的平均申购额也接近上限。对于承销商而言，即便是规模较大的新券，包销风险也相对较低。因此，从 2019 年末开始，新发转债逐渐取消了网下申购渠道。

上述网下渠道设置倾向给机构打新带来了矛盾：当新券申购的获益机会较高时，市场打新热度也会提升，使得新券发行设置网下渠道的意愿下降，机构无法通过常规渠道申购新券，见图 53。

实际上，在网下申购渠道大面积关闭的情况下，通常还有两种间接参与新券申购的方法：①对于看好的新券预案，可提前对正股进行配置（在原股东优先配售股权登记日前），以获得优先配售权，这一策略常被称作“抢权”；②可提前与拥有优先配售权的原股东商议大宗交易，

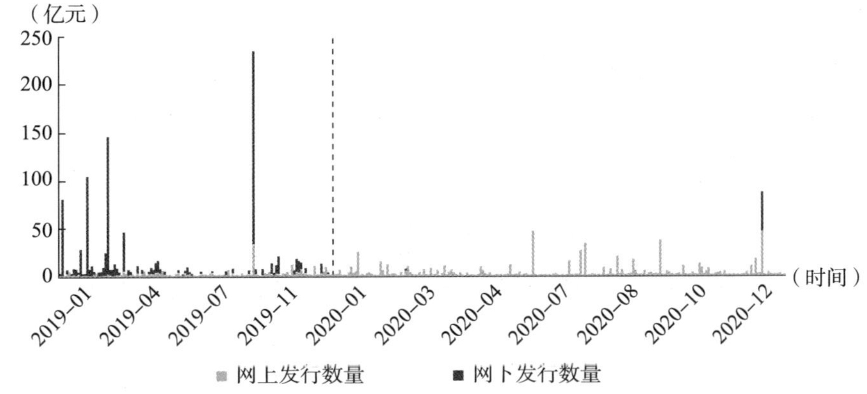

图 53　2019 年末至 2020 年末，新发转债逐渐取消了网下申购渠道

资料来源：Wind。

不过该渠道的配置价格往往会高于 100 元/张的发行价，并且不同个券的实际情况差异较大，参与配置的标准化和规范化也很难得到保证，叠加大股东优先认购后存在 6 个月的短线交易限制，因此并不建议将其作为常规配置手段使用。

最后，如果上述两个渠道仍无法参与，那么新券的配置则只能后移到二级市场进行。

3. 打新的准备与决策：关注关键指标的推算

在发行公告等重要文件发布后，如何对打新工作进行准备？如何决定是否参与申购？对于这些问题，我们需要结合几个关键指标的推算情况进行综合判断。

（1）推算上市价格，决定是否参与申购。

在“参与申购+上市首日卖出”的基础打新策略下，新券的上市价格是直接决定策略能否取得正向收益的关键。常用的上市价格推算方法是，首先利用当前的正股价格，推算静态假设下转债的上市价格，而后结合正股短期趋势预估，对静态估计的结果进行调整。

静态假设下推算的转债上市价格包含了两条主要假设：①转债上市

时正股价格与当前处于相同水平；②转债上市时市场给予各平价价位的估值水平不会发生变化（即估值未出现主动调整）。也就是说，静态假设下的上市价格推断，即是用转债在当前市场环境下可能的价格来推断其上市后的价格。

当前转债的预估市场价格由两部分组成：平价和转股溢价率。其中，平价部分是一个客观数值，计算公式为：（当前正股市场价/转股价）×100。而转股溢价率则相对主观，一个常用的推断方法是：首先，观察其他同行业存量债的估值水平，以判断新券是否会因为所处行业的关注度而出现估值折价或溢价；其次，根据正股市场关注度和行业地位等因素，判断转债是否有机会因此得到更高或更低的估值；再次，借助此前推算的静态平价水平，寻找存量债中平价、信用评级和规模相近的存量债品种，观察其估值水平，并结合行业趋势和正股资质等因素对估值水平进行微调；最后，与平价推算结果一同计算静态假设下的上市价格。

得到推算结果后，还需要结合正股后续走势以及市场估值水平变动，对静态假设下的推算结果进行调整。若调整后的结果显示转债上市当日出现破发的可能性较小，即可选择参与打新；而如果认为转债有较大的破发风险，参与打新则需要谨慎。

以顺丰转债为例，其发行公告于 2019 年 11 月 13 日晚在交易所发布，转股价设定为 40. 41 元/股，按照 2019 年 11 月 13 日正股收盘价 39. 50 元推算，平价约在 97. 75 元。

转股溢价率方面，同行业的圆通转债在平价、资质相近的标的中处于中等水平。同时，转债正股顺丰控股为行业龙头，市场关注度较高。参考主体信用评级和平价相近的太阳转债（AA+，转换价值 97. 69 元）及通威转债（AA+，转换价值 97. 96 元）的转股溢价率分别为 21. 70% 和 22. 43%，顺丰转债在当时的转换价值水平下，转股溢价率有望超过

20%，对应转债价格为 117 元左右。

最后，鉴于顺丰转债所处的快递行业在转债发行时未出现明显催化，不能排除上市时可能获得更低平价的可能性。但综合考虑正股顺丰控股作为行业龙头标的，短期内正股价格出现深度回调至破发的可能性非常小，117 元的静态推算价格也提供了较厚的“安全垫”，因此参与打新可能是更好的选择。

从最终的实际结果来看，顺丰转债上市时正股略有回调，平价为 90.60 元，在相对较低的平价水平下，顺丰转债也得到了更高估值，转股溢价率达到 28.0%，最终上市价格为 115.96 元，与推算结果基本相符。

（2）推算纯债价值和 YTM，辅助判断参与申购的安全性。

与上市价格推算不同，转债的纯债价值推算方法相对客观，即采用现金流折现法对其票面价值和到期补偿的现值进行推算，贴现率通常采用对应期限和等级的中债企业债到期收益率。静态假设下，使用发行时的贴现率来推算上市时的贴现率，并按照 6 年期足额计算（上市时存续期已经过去了一个月左右）现值。从历史经验来看，由于贴现率波动较小，虽然存在一个月左右的时间差，但并不会对纯债价值的推算结果带来过大影响，因此纯债价值的推算值与上市时的实际值通常较为接近。

新券 YTM 的计算方法更为客观，直接根据票面利率设置以及到期补偿设置将数据代入公式求解即可。转债发行时推算的 YTM 值通常也不会与上市时存在显著差距。

新券的纯债价值和 YTM 很大程度上决定了参与打新的安全性。例如，在推断新券上市时平价可能显著低于 100 元的情况下，若该标的具有较强的债底保护，那么上市后打新仍有较大概率获得正向收益。

以 2019 年 10 月发行的浦发转债为例，由于其在确认转股价时存在“不得低于每股净资产”的隐性约束（该约束常见于国企发行人），故浦发转债 15.05 元/股的转股价明显高于发行期间的正股市场价格。以发行公告在交易所发布当日（2019 年 10 月 23 日）数据推算，浦发转债当时的平价仅为 85.45 元。虽然浦发转债发行规模大、信用评级高，可能在上市时获得较高的估值，但如果平价进一步下行，其上市首日的价格仍存在一定风险。

另外，由于浦发转债补偿性地设置了较高的票息（6 年分别为 0.2%、0.8%、1.5%、2.1%、3.2%和 4.0%，明显高于其他同等级品种），加之具有高信用评级（贴现率低），浦发转债在发行公告发布当日的纯债价值为 93.78 元、YTM 为 2.84%，这意味着即使平价进一步下行，在坚实的债底保护下，其上市价格低于 100 元的可能性也较低，参与打新仍是较为安全的选择。

（3）推算中签率，预估可能获配的额度。

中签率即是实际获配额度与申购额度之比，反映了不同申购金额下可能获配的新券规模。

中签率推算包含了两部分：①原股东优先配售后留给市场的可申购规模；②全市场网上和网下渠道的总申购金额。

新券留给市场的申购规模主要取决于原股东的申购规模。常用的推算方法为，确认公司的前几大股东，计算其总持有比例（即可参与申购的比例），并根据正股的市场关注度对其可能申购规模进行调整。

以顺丰转债为例，根据转债发行时的最新数据（截至 2019 年 11 月 7 日），公司前四大股东持股比例分别为 61.20%、6.48%、6.04%和 5.00%，总持股比例达 78.72%（见图 54）。同时，考虑到顺丰控股作为国内快递行业龙头，市场关注度较高，预计原股东认购比例不会太低。由此，可推断顺丰转债的原股东申购规模可能在总规模 58 亿元的 75%~80%，留给市场的申购规模可能为 11.6 亿~14.5 亿元。

网上和网下申购总资金方面，主要参考近期发行的其他转债申购情况，并结合该新券的规模、等级和正股关注度等因素进行调整。通常情

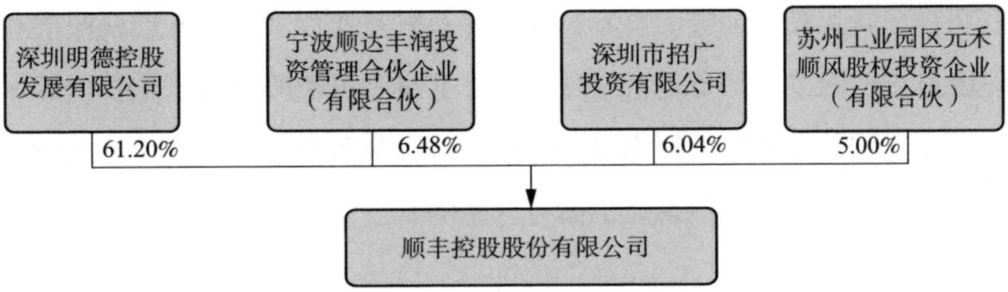

图 54　顺丰控股大持有人结构

资料来源：Wind。

注：数据截至 2019 年 11 月 7 日。

况下，规模越大、等级越高、正股关注度越强的转债，往往会得到越多的网上和网下有效申购户数，账户平均申购金额也越接近上限。

在顺丰转债的例子中，可参考与之发行时间接近的川投转债申购情况，结合正股关注度因素，推断顺丰转债的网上申购户数可能在 100 万户以上，单账户或接近足额申购（100 万元）；而网下申购户数则可能在 9000 户左右，单账户申购额度或将达到上限 10 亿元的 80%，由此得到网上和网下渠道的总申购额，进而推算出中签率可能在 0.01%～0.02%。最终，顺丰转债网上和网下申购的实际中签率为 0.02%。

需要注意的是，并非所有转债都设有网下申购渠道，对于仅设置网上渠道的新券标的，在预估市场申购规模时只需考虑网上部分即可，选择可比标的时也应尽量选择仅设置了网上渠道的品种。

此外，部分原股东在转债发行时会承诺一定比例的优先认购额度。例如，金牌转债就在发行公告中披露，发行人控股股东厦门市建潘集团有限公司将参与优先配售，承诺认购金额为 16997.60 万元，约占本次发行可转债总量的 43.36%，相当于控股股东可优先配售上限额度的 98.90%。对于有承诺优先配售的新券，在推算其原股东认购比例时也应重点考虑这一因素。

总结来看，在对转债新券进行跟踪和打新决策的过程中，首先需要密切跟踪新券发行公告的发布情况，并及时对发行公告、募集说明书和评级报告中的关键信息进行整理，推算上市时可能的价格水平和债底保护力度，以及可能的中签率水平，综合对参与新券申购的机会和风险水平进行评估。若推算结果显示参与打新的获益机会较大，即可选择参与打新。

（三）打新之后——新券上市首日同样关键

打新虽然是一个获益机会相对较高的策略，但并非所有投资者都能在新券申购中获得满意的体验。一方面，对于未开通网下申购渠道且无优先认购权的新券，想要参与有效打新存在很大难度；另一方面，即使新券设置了网下申购渠道，在市场打新热度较高的时期，中签率被压制在 0.1%以下也是常态，即使按照 10 亿元的上限进行申购，最终获配的金额也不多。因此，新券上市初期也是参与新券配置的关键时期。

与此同时，对于在新券配售阶段获得了足够额度的参与者来说（发行公司大股东等存在 6 个月短线交易限制的参与者除外），新券上市首日也是重要的获利了结机会。当转债上市价格高于配置成本时，只需在上市当日选择卖出便可赚取价差，无须承担后续风险。

转债新券往往会在上市首日迎来交易高峰，而这通常是买卖双方共同促成的结果。如前文所述，当现券上市价格超过 100 元时，在新券申购过程中已获配足够金额的申购者即可选择卖出以获得稳定的价差收入，而这一部分申购者中很大部分来自拥有大量优先配售权的原股东（不过持股比例超过 5%的大股东、公司高管等会受到 6 个月的短线交易限制）。然而，并非所有希望参与优先认购的原股东初始都拥有足够的自有资金参与申购，因此往往会通过短期贷款等方式融资，并在新券上市后卖出，偿还资金并赚取价差。这也使得在新券上市当日，往往会释放出大量的卖出需求。另外，在申购过程中未能获取足够金额的投资者在上市首日也会有大量的配置需求。由此，新券上市首日往往会迎来成交量高峰。

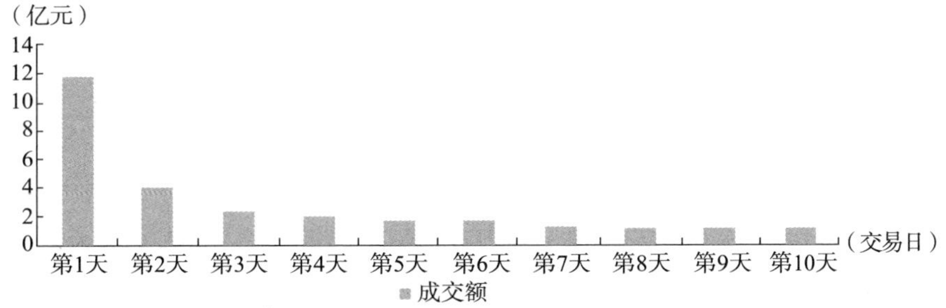

图 55　新券上市成交额

资料来源：Wind。

注：数据截至 2020 年 12 月 31 日。

对 2020 年上市的新券，在上市后前 10 个交易日的日均成交额进行统计，发现上市首日平均成交额达到 11.7 亿元，远超随后的 9 个交易日，这也印证了新券上市首日交易量高峰的确存在（见图 55）。

因此，对于新券申购过程中未能足额获配的投资者，新券上市首日提供了一个从二级市场直接买入的机会。虽然较打新的配置成本明显提升，但上市首日至少提供了配置所需的充足流动性。对于已参与新券申购的投资者来说，如果对转债正股的未来预期持中性或利空观点，且上市价格已达到获利要求，那么即可选择利用转债上市当日的高流动性窗口予以卖出。

小贴士

一些值得关注的细节问题

1. 网上和网下申购规模如何安排？

通常，转债发行时会按照使网上和网下中签率保持一致的原则，分配网上和网下的申购金额。由于中签率等于可申购额度/有效申购金额，若网上和网下中签率需要保持一致，那么规模分配大致上也可按照两个渠道的有效申购金额比例进行计算。

2. 中签后如未按要求交款会受到怎样的处罚？

在现行转债申购规则中，网上申购无须缴纳定金，网下申购通常缴纳不超过50万元的保证金。如果中签后未足额交款，深交所和上交所都会对申购者做出相应处罚，二者惩罚措施基本一致。网上申购者若连续一年内累计出现3次中签未足额缴款的情况，那么在接下来的6个月将不得参与新券申购；网下申购者若出现未足额交款的情况，将罚没其保证金（见表13）。

表13　上交所、深交所对可转债申购后未足额付款的处罚方式

网上申购	网下申购
网上投资者连续12个月内累计出现3次中签但未足额缴款的情形时，自中国结算上海分公司收到弃购申报的次日起6个月（按180个自然日计算，含次日）内不得参与新股、可转债、可交换债和存托凭证的网上申购	对于网下投资者，承销商可向网下单一申购账户收取不超过50万元的申购保证金，并在发行方案中明确网下投资者违约时申购保证金的处理方式（即违约后采取没收保证金的处罚）

资料来源：沪深交易所。

3. 优先认购的交易单位是什么？

优先认购的交易单位仍为手，即10张转债。通常，转债会在发行公告中披露每持有一股正股可以获配多少张转债新券，方便投资者进行计算。

4. 优先配售的转债在上市之后可立即卖出吗？

以大股东为主的参与者会受到限制。随着2021年1月31日《可转换公司债券管理办法》的正式实行，转债被明确列入新《证券法》中“其他具有股权性质的证券”范畴，因此发行公司的董事、监事、高级管理人员以及持股比例超过5%的股东，在买入转债后会受到6个月的短线交易限制。而优先配售也属于买入行为的一种，因此这部分投资者在优先配售转债后将无法立即卖出。

5. 新券在已发行、未上市阶段能否行使下修条款？

如果已发行的新券在上市前已经触发下修条款，那么是可以执行相关流程的。例如，海兰转债于2020年12月9日发行，初始转股价格为15.16元，随后正股快速大幅回调，并触发下修条款（10/20、90%），接着海兰转债于2月4日提议下修，拟将转股价格下修至10.88元，而此时海兰转债尚未上市。随后海兰转债于2月8日正式上市，上市首日平价为64.64元，绝对价格为89.15元。最终海兰转债于3月10日成功下修，但并未足额下修，当日平价为91.45元，绝对价格为97.81元。

四、一只转债老券的谢幕之旅

在本书第三部分“转债打新指南”中，我们对转债的发行以及打新策略进行了详细介绍。本部分将聚焦转债生命周期的另一端——如何完结退出，并分析退出方式对投资策略会有怎样的影响。

（一）转债可通过哪些方式完成生命周期

转债是一种特殊的债券产品，其退出方式与常规债券存在很大区别。相较于风平浪静地到期，顺利完成转股可能才是转债发行人和投资者更加喜闻乐见的局面（转股退出触发条件往往在正股和转债价格上行周期中达成）。除此之外，基于产品独有的条款设置，转债还可能通过回售等其他方式完结退出。

总体来看，根据现代转债的常见条款设置，其存量余额退出的途径主要有如下几种：转股、到期赎回、有条件赎回和回售（见表14）。

表14　可能引发转债余额缩减的条款通常有转股、到期赎回、有条件赎回和回售

转债名称	奥瑞转债	转债代码	128096. SZ
正股名称	奥瑞金	正股代码	002701. SZ
发行规模	10. 868 亿元	所属行业	轻工制造
发行方式	本次发行的可转债向股权登记日收市后登记在册的公司原股东优先配售，原股东优先配售后余额部分（含原股东放弃优先配售部分）通过深交所交易系统网上向社会公众投资者发行。本次发行由保荐机构（主承销商）组建承销团承销，本次发行认购金额不足108680. 00 万元的部分由保荐机构（主承销商）余额包销		
存续期	6 年		
票面利率	第一年 0. 50%、第二年 0. 80%、第三年 1. 00%、第四年 1. 70%、第五年 2. 00%、第六年 2. 30%		

续表

初始转股价格	4.70 元/股（若在募集说明书公告日前 20 个交易日内因除权、除息引起股价调整，则需做出相应调整）
转股期间	2020 年 8 月 17 日至 2026 年 2 月 11 日
赎回条款	（1）到期赎回：期满后 5 个交易日内，按债券面值的 110%赎回。 （2）有条件赎回：转股期内 15/30、130%；未转股票面总金额不足 3000 万元
下修条款	存续期内，15/30、85%
回售条款	最后两个计息年度，连续 30 个交易日收盘价低于转股价的 70%
信用评级	主体：AA+；债项：AA+；上海新世纪资信评估投资服务有限公司

资料来源：奥瑞转债发行公告、募集说明书。

（1）转股条款：当持有人在转股期内行使转股权后，转债将按照一定比例转化为股票，使得余额缩减。

（2）到期赎回：在转债到期后（通常为 6 年），发行人可按照约定价格将全部未转股的转债赎回（由于转债通常设有到期补偿，因此其到期赎回价格往往高于转债本金与最后一期利息之和）。

（3）有条件赎回：有条件赎回通常简称“强制赎回”或“强赎”。根据现代转债的常见强赎条款设置，当正股价格在一定时间内持续超过条款约定的触发价位（通常规定连续 30 个交易日中有 15 个交易日正股价格不低于转股价的 130%），或未转股余额不足 3000 万元时，转债发行人将有权按照约定价格（通常略高于 100 元，常见设置为债券面值加当期应计利息），赎回全部或部分未转股的转债。

（4）回售：回售条款通常规定当正股价格出现持续深度下跌后（通常规定连续 30 个交易日内正股价格均低于转股价的 70%），转债投资者有权按照约定价格（通常略高于 100 元，常见设置为债券面值加当期应计利息）将转债回售给发行人。目前存量转债的回售期通常设置为发行期限的最后两年，因此这一退出渠道通常只在转债生命周期的末尾阶段触发。

当发行人变更转债募集资金用途时，也可能会触发附加回售条款。

值得一提的是，以银行为代表的部分金融行业转债一般会选择不设置回售条款。

上述四个转债退出路径的触发条件，可依据转债正股价格的运行趋势进行划分。其中，回售常在转债正股持续下行时达成；有条件赎回往往在正股价格持续上涨时达成，由于这一条件达成时，持有人通常会倾向于选择转股而非接受赎回价，所以达成强赎后通常会促成大量转股；到期赎回则是在存续期中既没有下行至触发回售，也没有上行至触发强制赎回（或是触发后公司坚持不行使）的情况下到期后达成。此外，还有少部分的转股与强赎，例如一些负溢价套利中的转股和正溢价下动机不明的亏损转股，见图 56。

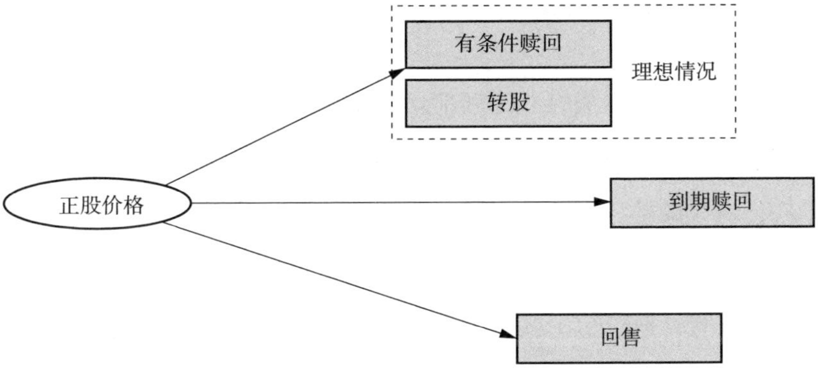

图 56　不同正股价格变动趋势下转债的退出方式

从历史上转债退出的方式来看，转股是最为常见的退出方式，截至 2020 年底，由此方式退出的转债规模占历史所有退市规模的 97%（见图 57）。这意味着绝大多数转债在生命周期的末尾都得以“善终”，同时这也成为低价配置策略能够带来持续收益的重要支撑。但从历史回顾来看，未能顺利转股的情况仍时有发生，且不同转债促成转股所需的时间也可能不尽相同，而促成转股的周期太长或将带来更大的机会成本和回撤风险。

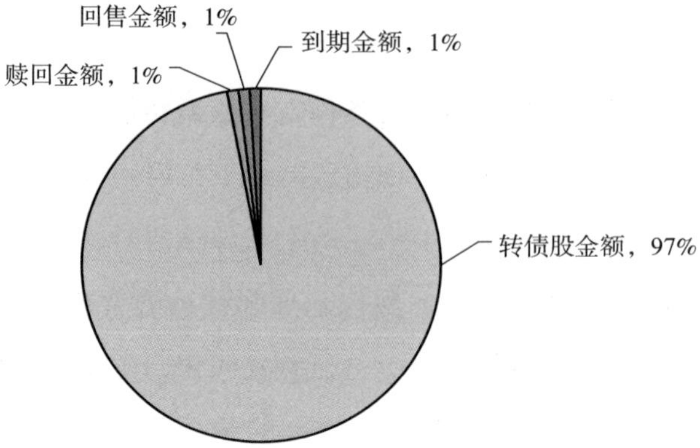

图 57　绝大多数转债以转股方式完成生命周期（2020 年）

资料来源：Wind。

（二）顺利促成转股：众望所归，皆大欢喜

如前文所述，促成转股是转债最为常见的退出方式，同时也可能是发行人和投资者双方最愿意见到的结局。对于发行人而言，顺利转股意味着转债对应的债务转化为股权，无须再支付剩余票息、本金和到期补偿，同时也无须担心转债的财务费用问题①。而投资者选择转股的时机也大多出现在正股持续上涨触发强赎，或是转债本身出现负溢价套利机会的时期，二者通常都会带来正向收益。综上，在促成转股退出的意愿方面，转债发行人和投资者高度一致。

具体来看，投资者选择转股的动机通常是转债触发强赎或是出现负溢价套利机会。归根结底，理性投资者选择转股的理由无非是可获得较继续持有或卖出转债更高的收益。公司宣布执行强赎后，转债显然满足这一条件，因为此时若不选择转股，则意味着需要接受 100 元左右的赎回金额，而达成强赎的条件通常需要平价持续高于 130 元，此时转股显

① 虽然转债产品通常票息都很低，但在计算财务费用时，往往会参照近似等级的信用债市场利率。

然是更好的选择；而负溢价套利机会即是指转债平价高于市场价格的情况，此时选择转股可以得到更高的价值，因此负溢价也会促使转股行为发生。

负溢价机会时常伴随强赎出现，这是因为转债达成强赎条件之后，到实际执行赎回登记的这段时间里，转股溢价率通常会收敛至 0 附近，并具有一定波动特征，因而会频繁出现溢价率为负的情况。当负溢价程度较高时，便会出现套利机会。而其他情况下出现的负溢价则往往反映了市场对于正股的悲观预期，此时如负溢价幅度较大，也会促使投资者转股进行套利①。总体来看，强赎条款的执行仍然是促使投资人转股的最主要原因。

值得注意的是，虽然转债发行人通常具有较强的促转股意愿，但并非所有发行人在达成强赎条件后都会选择行使该权利。例如 2020 年内，部分进入转股期后迅速达成强赎转股条件的个券就会选择暂不执行。究其原因，首先是发行人可能判断转债正股的上行趋势仍强，此时若不行使强赎权利，那么价格便不会受到强赎转股的限制，在正股带动下有机会继续上行。同时，强赎转股后可能带来的正股抛压也会在一定程度上影响发行人的执行意愿。不执行强赎的另一个可能原因，是转债在正股价格持续高位下已经完成估值收敛，并带来了大额自然转股，致使转债剩余规模不大，此时是否行使强赎权对于发行人而言重要性并不高。除此之外，减轻短期内的股权摊薄压力也是可能的原因之一。但从历史数据来看，大多数发行人在达成强赎条件后还是会执行权利，毕竟只有转股才意味着转债的融资使命真正完成。

为何几乎所有的转债都能在存续期中顺利完成转股？最重要的原因，还是转债在生命周期中促成强赎转股条件的难度其实并不大。为促

① 当然，由于转股后在第二个交易日才能卖出，投资者仍将面临股价波动风险，故该交易行为并不是严格意义上的套利。

成转股，转债通常需要在到期前出现正股价格上行并保持在转股价的130%以上，而转债的发行期限通常为6年，转股时间非常充裕。对于正股资质较好、市场关注度较高的品种，6年中出现一次相对转股价30%以上的涨幅是大概率事件；而对于部分等级较低、正股资质相对较差的转债品种，其发行人往往具有更强的促转股意愿，且部分小盘品种的正股弹性显著高于大盘品种，其在生命周期中促成强赎转股的机会依然很大。此外，下修条款也给了发行人一次重新设置转股价的机会，在正股出现回调时可运用下修手段来降低后续促成转股的难度。综合来看，无论转债资质高低，其均有较大机会在生命周期中顺利达成转股退出。

事实上，牛市环境下，转债常常会大规模触发强赎转股，甚至会因此导致市场存量规模骤减。这是因为在牛市中，大量正股都将会在beta的带动下达成强赎条件，从而使得存量转债大量转股退出。最典型的案例发生在2014—2015年“疯牛”行情中，在存量转债大面积转股下，转债市场的存量转债数目一度下降至5只，市值总规模仅150亿元，转债市场几乎被“清零”。直到2017年定增政策收紧后，转债作为融资替代渠道得以大规模发行，市场存量规模才逐步恢复（见图58）。

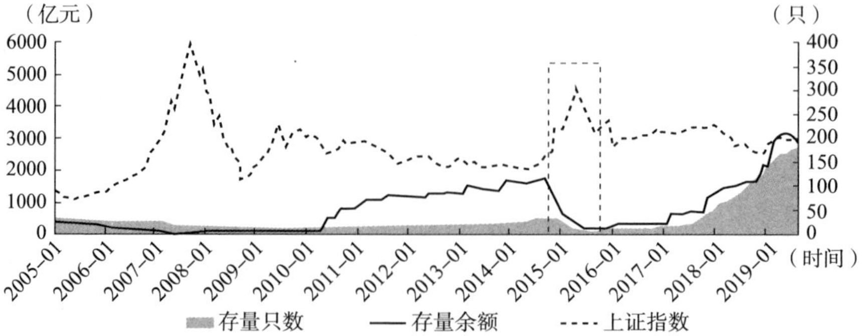

图58　牛市中，大量转债强赎转股可能引发转债存量规模骤降

资料来源：Wind。

综上所述，绝大多数转债并不需要过于担心其在生命周期中能否促成转股，更重要的是达成强赎转股条件所需的时间。虽然绝大多数转债都能在生命周期中顺利达成转股，但达成时间却存在较大分化，其中部分转债在进入转股期后迅速达成强赎条件，而另一些则直到生命周期尾段才勉强完成。

对2010—2020年发行的转债触发强赎耗时进行统计，发现这些转债促成强赎的平均耗时为530.64个日历日，即约1.5年。从时间分布来看，个券之间的确存在较大分化，耗时较短的品种可能在进入转股期后迅速达成强赎条件，而部分转债则是直到存续期的最后时刻才达成。但总体看，达成强赎的时间绝大多数在两年以内（见图59）。[①]

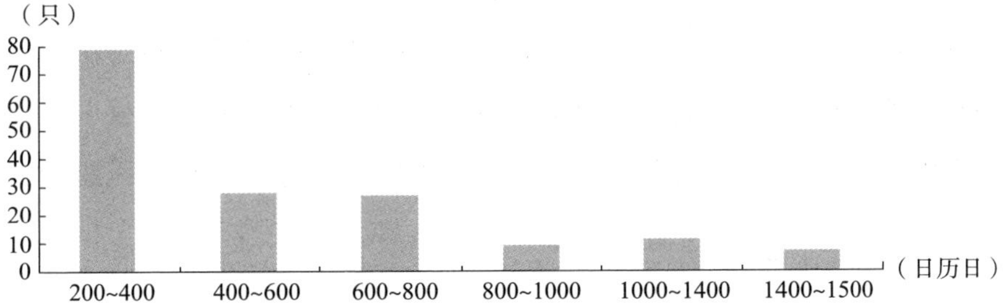

图59　转债达成强赎条件耗时存在较大分化

资料来源：Wind。

另一个值得关注的问题是，在转债发布提前赎回公告后，是立刻卖出/转股，还是等待执行日期临近呢？在发行人宣布行使强赎权利后，直到实际执行的约20个交易日内，转债仍然可以正常交易和转股。理论上，触发强赎后正股价格会经受一定下行压力，这是因为部分投资人很可能在转股后即刻选择卖出（尤其是固收类投资者）。从实际情况来

① 由于此处选择的均为已实际达成强赎条件的转债，所以可能存在一定幸存者偏差，即当前存量债后续达成强赎所需时间可能更长。但从统计数据中，仍能观察到不同个券之间显著的个体差异。

看，转债及其正股价格在触发强赎后的价格走势存在很大分化。

对于正股本身具有明确驱动力的转债而言，触发强赎往往是正股持续强势下的自然结果，并不会改变正股趋势，同时转债持有人在转股后也有更强的意愿持有转出的股票；对于部分正股表现并没有那么强势的转债来说，促成强赎转股时，发行人的促转股意愿也可能起到了一定作用。而当实际触发强赎条款后，来自发行人的正股上行支撑力量也将随之抽离。对于这样的转债，正股在触发强赎后可能会面临更大的下行风险。

对 2020 年全年间达成强赎的转债，在其发布公告后 15 个交易日内的价格走势进行统计，发现不同个券在触发强赎后的表现存在很大分化（见图 60）。从平均水平看，转债在触发转股后有较为明显的下行趋势，而从数目占比上看，各阶段下跌的转债标的数目均大于上涨的标的数目（见表 15，见图 61）。综上，建议除非观察到正股具有较为明确的上行支撑因素，否则强赎后继续持有（或转股后继续持有）仍是风险较大的选择。

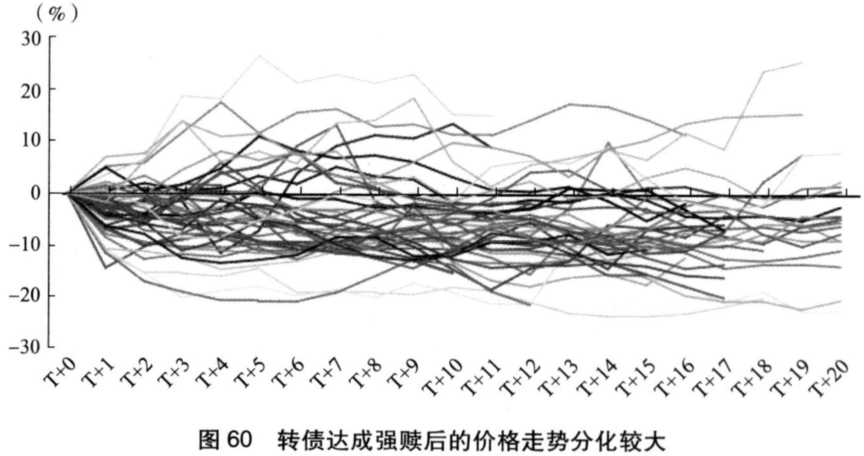

图 60　转债达成强赎后的价格走势分化较大

资料来源：Wind。

表 15 各阶段下跌的转债标的数目均大于上涨的标的数目

	T+1	T+5	T+10	T+15
上涨只数（只）	16	20	15	16
下跌只数（只）	53	49	50	42
上涨占比（%）	23.19	28.99	23.08	27.59
下跌占比（%）	76.81	71.01	76.92	72.41

资料来源：Wind。

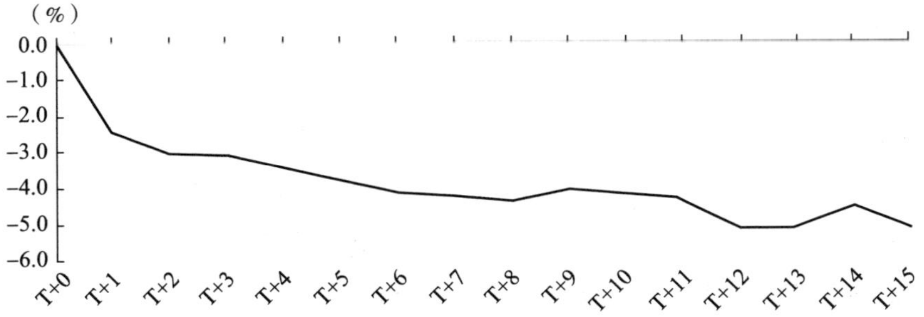

图 61 从平均水平来看，转债促成强赎后短期内价格有下行趋势

资料来源：Wind。

（三）何种情形会导致转股无法顺利完成

除转股外，转债还可能以条件赎回、到期赎回和回售三种方式退出。相较转股，这三种退出方式对于发行人和投资者可能都不是好消息。其中，对发行人来说，无法转股便意味着仍需要还本付息；对投资者而言，未能转股退出则意味着转债生命周期中未出现足以触发强赎的上涨行情。

从历史经验看，未能完成转股退出的转债并不多，且多数案例都发生在年代较为久远、市场对于转债认知度较低的时期。对比三种非转股的退出路径，到期赎回和回售的达成似乎更情有可原，毕竟转债发行后如果正股一直未能出现上行行情，那么最终结局必定将会是二者之一；而条件赎回的实际达成从理论上看并不容易，因为在该条件满足后，转债持有者将有更好的选择——转股（此时平价通常显著高于赎回价）。当然，从实际情况来看仍有意外。

由于历史上通过非转股方式大面积退出的转债并不多，因此在分析促成这些退出方式的因素时，我们主要通过个案解析的方式进行说明。

1. 到期赎回：正股低迷下的无奈结局

在大面积到期赎回的案例中，典型代表是新钢转债和唐钢转债（见图 62，见图 63）。

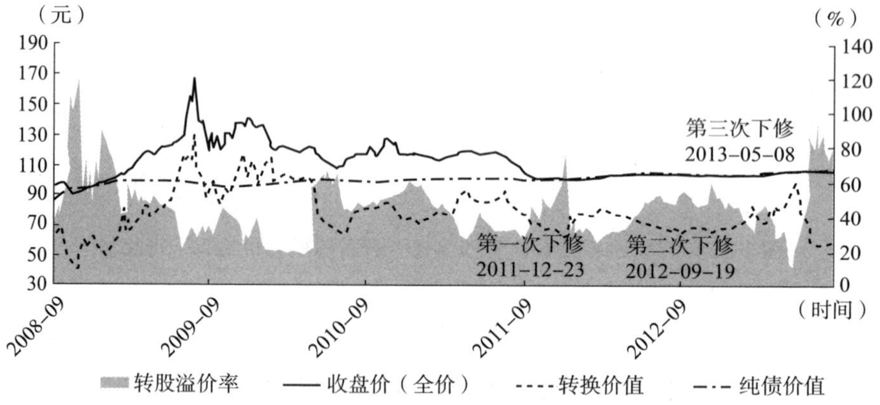

图 62　多次下修仍未避免新钢转债的大面积到期

资料来源：Wind。

新钢转债进入转股期后，正股价格也曾一度出现持续上行，但遗憾的是未能触发强制赎回（20/30、130%）。其后，新钢转债正股价格进入漫长的下行区间。新钢转债进入回售期（2011 年 8 月 21 日至 2013 年 8 月 20 日，触发条件为 30、70%）后不久，其平价已经回落至 70 元以下。为避免回售，新钢转债在回售期内先后三次下调转股价，但受到下修后转股价不得低于每股净资产的隐性限制，这三次下修分别仅将平价提升到 77 元、70 元和 91 元左右，均未能足额下修（即平价重回 100 元左右）。不过在正股价格连续下行的趋势下，即使足额下修，也无法促使转债达成强赎转股。最终，新钢转债 99.9%的额度以到期的方式结束生命周期。

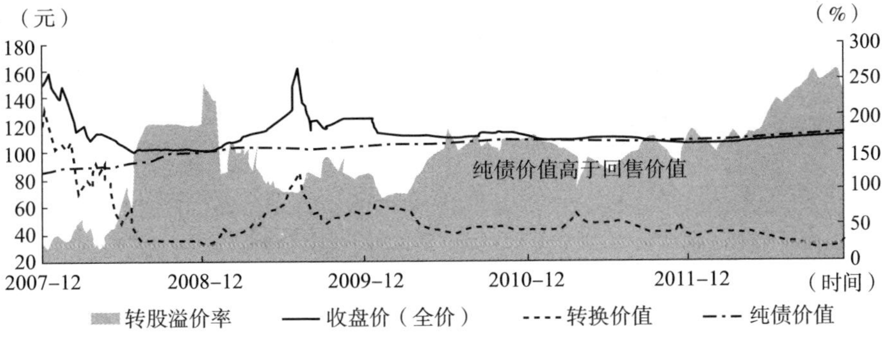

图 63　唐钢转债存续期中的价格演化

资料来源：Wind。

唐钢转债发行后面临的正股下行压力与新钢转债类似，最终也同样以大额到期的方式结束了生命周期。与新钢转债不同的是，唐钢转债在存续期内曾多次实际触发回售，但此时转债价格触及债底保护，且纯债价值高于回售价格，因此在其发布回售公告后，理性投资者实际选择回售的意愿不强，公司也并未选择下修转股价。发行人不选择下修的另一个原因可能是，在 2011 年发布回售公告后，正股价格早已处于破净状态，由于下修价格不能超过每股净资产的隐性约束，即使选择修正转股价，也无法做到足额下修，转股价调整后转债仍将面临回售压力。最后，唐钢转债同样以大面积到期赎回的方式完成了生命周期。

从上述两个案例中可以看出，如果正股价格持续处在下行区间，那么无论转债发行人是否选择下修，结果都无济于事，转债最终会走向到期赎回甚至是回售。

2. 回售：既有无力回天，也有“奇葩”操作

实际触发大面积回售的案例中，典型代表是江南转债（见图 64）。

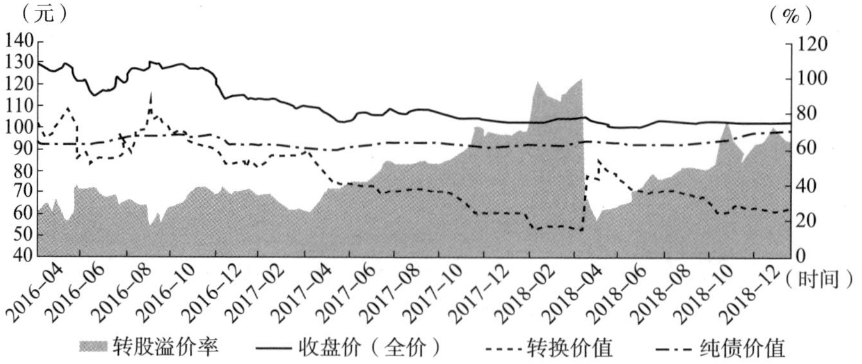

图 64　下修未能避免江南转债大面积回售

资料来源：Wind。

江南转债于 2016 年 3 月发行后，正股“江南水务”表现持续低迷。由于江南转债条款中将回售期设置为发行两年之后，因此在正股持续下行情况下，江南转债于 2018 年 3 月即开始面临回售压力。公司随即决定行使下修权，但并未在允许范围内足额下修，修正转股价后平价仅修复至 77 元左右。在正股进一步下行后，江南转债很快再次面临回售压力，并实际触发回售。

值得注意的是，由于江南转债的回售条款设置与现代品种存在区别——并未强调持有人不能多次行使部分回售权，故在 5 次发布回售公告后，投资者均出现大量的多次回售。最后，江南转债以大面积回售的方式完成了生命周期。

在江南转债之后，新发行的转债品种基本都在回售条款中加入了对于回售次数的限制。以烽火转债为例，其在回售条款中明确强调：

“最后两个计息年度可转换公司债券持有人在每年回售条件首次满足后可按上述约定条件行使回售权一次，若在首次满足回售条件而可转换公司债券持有人未在公司届时公告的回售申报期内申报并实施回售的，该计息年度不能再行使回售权，可转换公司债券持有人不能多次行使部分回售权。”

在大面积回售案例中，有一个较为特殊的案例——燕京转债（见图65）。原股东配售比例接近90%，其中控股股东配售57%。上市后，2012年初燕京转债在正股持续下行中触发回售。由于此时转债市场价格并未显著高于回售价格，且前期在面临回售压力时，公司并未表现出明显的下修意愿，所以在回售公告发布后，共有2.68亿元转债（发行总规模11.3亿元）被投资者回售。

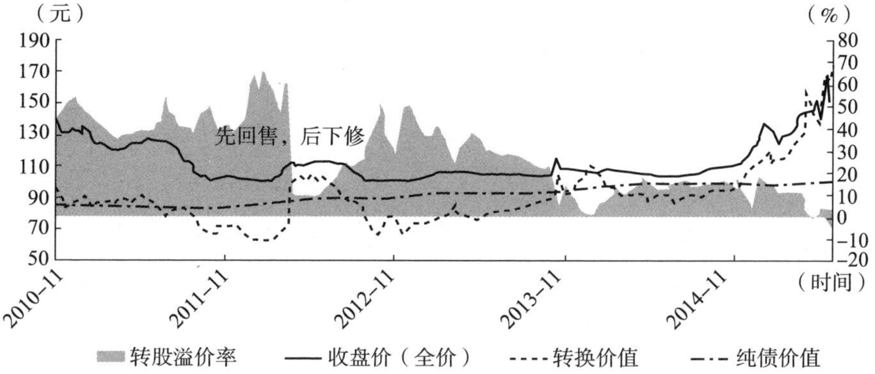

图65 燕京转债在回售后意外下修

资料来源：Wind。

大面积回售后，公司却紧接着在2012年3月发布下修公告，并且下修幅度到位，而此时大股东在回售后已经成为转债的主要持有者，在此次下修中深度受益。随后，大股东又在显著的正溢价下将燕京转债近70%的余额转股，这一系列操作耐人寻味。从结果来看，大股东成功地以较低价格大量增持了公司股票。

3. 条件赎回：意料之外，情理之中

前文提到，虽然实际发生条件赎回似乎并不那么合乎情理，主要还是因为触发强赎后，选择转股往往能得到更高的价值。但在极端情况下，如触发强赎后正股迅速出现大幅回落，并使得转债的平价下行至强制赎回价格之下，那么赎回仍有可能实际发生。

上述情况的典型案例是2014年发行的上一期吉视转债（见图66）。吉视转债达成强赎条件的过程颇为顺利。2014年9月发行后，吉视转债正股价格随牛市行情持续上行，并在2015年5月达成强赎条件，发行人随即发布提前赎回公告，约62%的转债余额在公告发布后转股。然而，吉视转债达成强赎的时间恰逢2015年牛市顶点，在发布提前赎回公告后，正股“吉视传媒”价格迅速下行，并带动平价和转债价格同时回落至赎回价格之下，其余未能及时转股的持有人不得不选择接受赎回，最终赎回规模占比达38%。

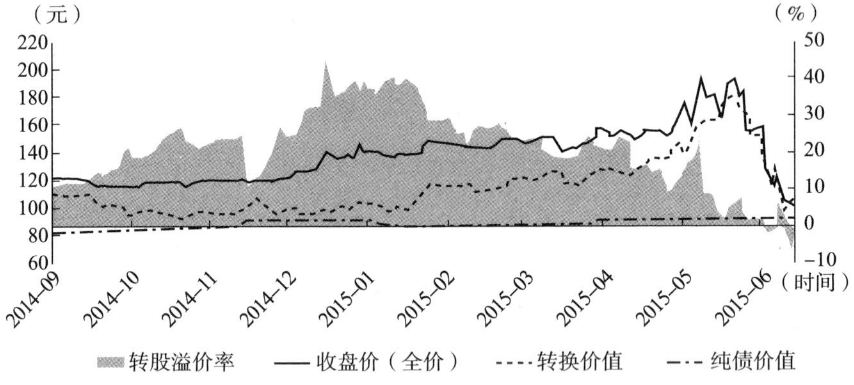

图66 吉视转债促成强赎后，正股价格急转直下

资料来源：Wind。

此外，许多正常达成转股退出的转债也会出现零星的条件赎回，但规模很小，一般占余额比例在1%以下。

（四）结论：关注非转股退出标的的启示

首先，对于发行人或投资者而言，转债以转股方式退出都是理想的结局。从历史经验来看，绝大多数转债也的确能以转股退出的方式完成生命周期，因此低价配置策略具有较高的安全性。同时，相对于能否转股，更应该关注转债发行后实际促成转股所需的时间，这才是影响低价配置策略收益的主要分化点。此外，在转债促成强赎条件后，除非观测到正股有较为明确的向上驱动因素，否则选择持有到最后一刻仍可能面临较大的不确定性。

其次，虽然多数转债最终均可完成转股，但仍有未能顺利完成转股的案例。总结来看，如下几点启示值得关注：①几乎所有大面积非转股退出都发生在权益市场的熊市时期（见图 67）。因此，若市场层面出现明显的利空因素时，应加强对存量债中面临回售压力，或到期赎回压力标的的关注。②条款设置的漏洞正在逐渐修复。回售条款方面，目前普遍添加了“一年不能多次行使回售权”的限制，这其实增加了投资者面临回售时的选择难度——若回售，发行人可能在回售后选择下修（例如前文提及的燕京转债和近期的航信转债等）；但若不回售，那么在本计息年度中，便不能再行使这一权利。③即便是强赎条款触发后，转债平价仍有可能快速下跌引发条件赎回。吉视转债便是典型的案例，这也从另一个侧面印证了前文提到的转债在强赎触发后的风险。

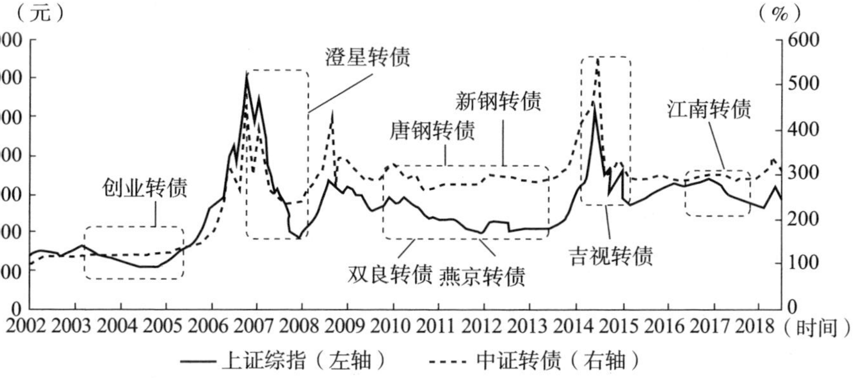

图 67　几乎所有转债的非转股退出都发生在权益市场的熊市时期

资料来源：Wind。

小贴士

一些值得关注的细节问题

1. 是否小规模、低等级的发行主体转股难度更大？

与直觉不同的是，从历史案例来看，其实小规模、低评级品种的转股成功率要明显高于大规模、高评级主体。这很可能是因为，对于部分规模较小的民企主体来说，由于面对更大的流动性压力，对到期赎回或回售等需要偿还本金的情形尤其不可接受，因此具有更强的促成转股意愿。而部分大规模、高评级主体面对同样的偿债压力，流动性冲击影响则更加轻微，因此可能不会过多采用激进手段促成转股发生，造成转债到期赎回或回售。

2. 当下一次持续的牛市行情来临后，转债市场还会出现存量规模骤降的情况吗？

可预见的是，在正股行情的持续上行下，随着存量标的纷纷达成强赎条件，仍有可能会出现存量规模的下降。但从当前的市场变化来看，再次出现2015年存量券仅剩个位数的情况可能性不大，主要有两方面原因：第一，当前转债市场扩容速度已经明显提升，存量券中包含了大量尚未进入转股期的新券，因此即便是大量转债执行强赎，也会有大量新券继续存续，并且更新的品种也会不断补充；第二，自2020年下半年起，许多个券在达成强赎条件后选择不执行强赎，在这样的趋势下，部分牛市中达成条件的个券可能出于呵护正股走势等原因，选择放弃执行赎回权，从而在市场上行周期中继续存续。

五、转债定价方法进化史

本部分主要讨论转债诞生以来估值和定价思路的演变，以及相关研究方法对当前国内转债价值分析的启示。

第一部分介绍了转债价格的分析框架，但并未对基于理论模型的定量估值方法做重点说明，本部分将对现有的主流量化研究方法进行详细说明，并探讨各类方法的运算原理和主要特征。

（一）研究起点：漫长摸索中迈出的第一步

历史上第一只可转债于 1843 年在美国诞生，至今已有近 180 年历史。不过在随后的 120 年中，无论是证券市场还是学术界都未能对这种复杂的产品提出系统化的研究方法。从转债的基本要素来看，其在普通信用债基础上赋予了投资者将其转化为一定比例股票的权利，同时还包含有赎回、回售和下修等附加条款的约束，而这些条款又都具有各自不同的价格属性，且条款之间的价值也存在相互影响，这使得转债成为一种定价难度极高的复杂衍生品。正因如此，如何对转债价格进行定量研究也成为市场和学术界长久以来的一道难题。

直到 20 世纪 60 年代，即转债问世后约 120 年，定价研究才真正形成了第一套相对完整且系统化的体系。在这一阶段，Baumol、Malkiel 和 Quandt（1966），Weil、Segal & Green（1968）等率先对转债产品价格属性展开分析，并确定了基本思路，这一系列方法随后也在 Walter 和 Que（1973）、Jennings（1974）等众多 70 年代中期前的研究成果中得以应用和扩展。

早期的转债定价研究思路可以简单概括为：将转债产品的价格拆分为：未来选择转股后的股权价值，以及未来一直作为信用债持有的价值两部分，并将两部分价值分别折现到当前时点，取两者现值孰高者作为当前转债的合理定价（见图 68）。

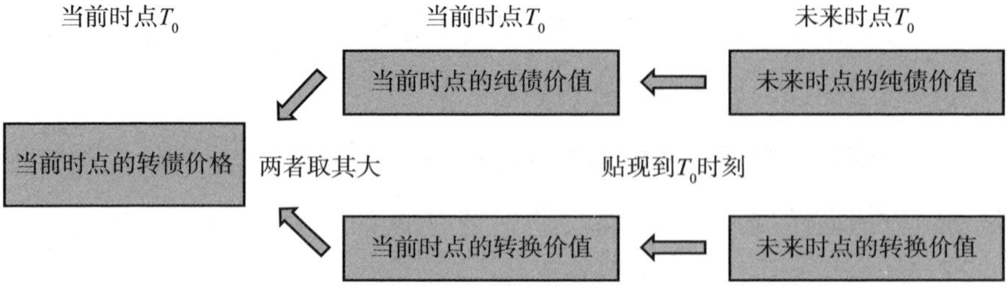

图 68　早期研究将转债价值拆分为股权部分和债券部分的现值

资料来源：Baumol、Malkiel & Quandt（1966）等。

上述研究思路可以用公式表示为：

$$BC = e^{-r\tau}\max(B,\ S)$$

其中，BC 为转债价值，B 为未来时点的纯债价值，S 为未来时点选择转股获得的价值，r 为折现率，τ 为未来时点距离当前的时间。

从上文描述中可以看出，早期的研究思路非常直接，针对转债既可以作为信用债持有，又能够转化为股票的特殊性质，对其价值进行了拆分研究。这一时期的转债定价研究思路很好地突出了转债价格的二重性，为市场提供了一个量化定价研究的切入点，但在方法设置上也存在较为明显的缺陷：

（1）在这一阶段的方法中，转股权的期权性质并没有得到充分体现。

（2）方法中“未来时点”的时间选择并不好确定。如果直接将其设置为到期日，那么提前转股的情形便不能被刻画；而如果将其设置为到期日前的某一日，那么其转换条款的期限又将受到影响，致使其价值被低估。

（3）大多数早期研究并没有对利率因素在转债生命周期中的变动问题进行讨论。

总体来看，早期研究迈出了转债系统化定价研究的第一步，对市场进一步认识转债价值的构成具有重要意义（见表16），但这一阶段研究方法和成果的局限性也显而易见。而研究存在上述缺陷的重要原因之一，便是市场和学术界在此期间缺乏有力的期权价值研究工具。

表16 早期转债定价研究的代表性文献

作者（年份）	主要成果和贡献
Baumol、Malkiel 和 Quandt（1966）	最早开始研究转债定价问题，提出将转债视为债券与一份股票看涨期权的组合，或股票与一份股票看跌期权的组合。因此转债价值便是纯债价值加上转股期权价值与平价加上回售期权价值间的孰高者
Weil、Segal 和 Green（1968）	认为转债价值是平价、回售期权价值与利息收益之和，并且给出了转债相对其对应股票的溢价表达式和回归方程
Walter 和 Que（1973）	提出转债价值应该取纯债价值与平价的孰高者，并加上溢价进行分析，溢价通过市场数据回归得出。同时，文章还提出通过蒙特卡罗模拟求得转债收益率的方法

资料来源：Baumol、Malkiel 和 Quandt（1966）等。

注：具体文献见参考文献。

（二）研究转折：B-S 公式的出现

1. 条款的期权价值与合成定价模型

20 世纪 70 年代，转债定价研究迎来了一次重要转折。随着著名的 B-S 期权定价理论出现（Black & Scholes，1973），研究者终于得到了能够有效刻画转债中各类期权价值的工具。转债中最重要的一部分期权价值来自转股权，其通常规定投资者可以按照面值除以转股价的比例将转债转化为对应的正股。从 B-S 期权定价理论来看，转股权是一种典型的或有权益（Contingent Claims），可理解为一只以转股价为执行价的看涨期权。利用 B-S 公式，可以对转股权的期权价值进行定价，再加上转债作为信用债的纯债价值，便可以得到转债价值中最核心的两个部分：潜在的转化为正股的价值，以及纯债价值，将两者加总之后，即可形成对转债价值的粗略定价。

在上述思路下，基于合成模型的转债定价方法逐渐成形。这一阶段的研究总体思路是将转债的纯债价值、转股权价值、回售条款、下修条款以及赎回条款的价值进行拆分，分别计算每一部分后，加总得到对转债的理论定价。其中，纯债价值的计算方法与常规信用债无异，运用“无风险利率+信用风险溢价”作为折现率，对纯债条款的未来现金流进行折现；转股权可视为转债投资者的看涨期权，使用 B-S 公式进行计算后在转债价值中加入；回售条款和下修条款均可视为投资人的看跌期权，同样可以运用 B-S 公式分别计算后加入转债价值中；而赎回条款则是属于发行人的看涨期权，其价值可以利用 B-S 公式计算后从转债价值中扣除（见图 69）。

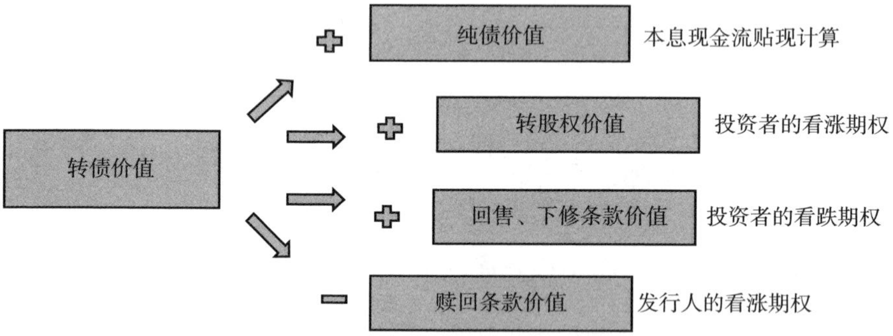

图 69　合成定价模型将转债价值拆分后分别定价

合成模型的表达式如下：

$$V_{CB}=PV+V_{OC}+V_{OD}+V_{OP}-V_{OR}$$

其中，V_{CB} 为转债价值，PV 为纯债价值，V_{OC} 为转股权的期权价值，

V_{OD}为下修条款的期权价值，V_{OP}为回售条款的期权价值，V_{OR}为赎回条款的期权价值。

B-S 公式的表达式如下：

$$BS(\tau,\ x;\ K,\ r,\ \sigma)=xN[d_+(\tau,\ x)]-Ke^{-r\tau}N[d_-(\tau,\ x)]$$

$$d_\pm(\tau,\ x)=\frac{1}{\sigma\sqrt{\tau}}\left[\log\frac{x}{K}+\left(r\pm\frac{\sigma^2}{2}\right)\tau\right]$$

其中，BS 表示期权价值，τ 表示距到期日的剩余时间，x 为正股价格，K，r，σ 分别表示执行价格、无风险利率和股价波动率，$N(\cdot)$则是标准正态分布的累计分布函数。其中，波动率 σ 取正股的历史波动率。

综上，在合成模型的思想下，可以计算转债各个部分的价值，并加总得到转债价格。不过，这样的定价思路同样存在较为明显的问题，其中最主要的一项就是，各项条款的期权价值实际上都呈现美式期权特征，而 B-S 公式只能用于计算欧式期权的价值。欧式期权和美式期权的差别在于，欧式期权只能在到期时选择是否行权，而美式期权则可以选择在到期前的时点行权，相对而言，美式期权的设定显然更符合转债产品中各类期权价值的特性。另外，转债附加条款的触发条件均具有一定路径依赖特征，而 B-S 公式只能用于刻画定点问题①，这也使得 B-S 公式在实际定价中的应用效果进一步受限。

B-S 公式自身的假设条件限制同样会影响合成模型的效果。先来看 B-S 公式的基本假设②：

（1）市场无摩擦：无税收，无交易费用，所有资产都可以无限细分，并且没有卖空限制。

---

① 举例来说，强赎条款的触发条件通常需要连续 30 个交易日中至少有 15 个交易日正股价格不低于转股价 130% 的情况，B-S 公式只适用于计算股价简单上升至超过某一价位的情形。

② 宋逢明．金融工程原理：无套利均衡分析［M］．北京：清华大学出版社，1999. Yigitbasioglu A B. Pricing Convertible Bonds with Interest Rate，Equity，Credit and FX Risk［J］．Finance，2002，23（volume）（icma-dp2001-14）：382-384（3）．

（2）从 0 时刻到 T 时刻，利率水平保持不变。

（3）从 0 时刻到 T 时刻，股票不进行分红派息。

（4）正股变动趋势需要服从对数正态分布的随机过程：股价连续变动；正股的预期收益和方差不会在转债的生命周期中发生改变；各时段正股的预期收益率与其他时段相互独立；正股的复利收益率服从正态分布。

在上述假设条件中，无卖空限制和正股的正态假定是我国市场明显不服从的两个假设条件。对于正股处在我国 A 股市场的转债而言，若直接运用 B-S 公式对各项条款的期权价值进行推算，那么很可能会得到偏差较大的结果，从而影响投资策略的效果。

虽然合成模型存在诸多问题，但仍然为市场和学术界带来了非常重要的结论和启示：

（1）合成法提出了将转债各部分进行拆分后分别计算价值的研究思路，而这样的分析思路一直沿用至今，尤其是在偏债型转债的分析中，对转债各部分价值进行拆分后讨论，仍然是当前常用的分析思路。

（2）虽然该方法在理论层面存在明显瑕疵，但其计算时仅需要在公式中代入相应的已知变量即可计算出估值结果，十分便捷，因此仍然得到了广泛应用。事实上，由于 B-S 公式在市场中的高知名度以及操作上的便捷性，合成法计算的转债估值仍然是当前使用频率最高的转债理论定价指标之一。

（3）合成法对于转股条款期权价值的刻画隐含了一个重要结论：转债的期权价值与波动率呈正相关关系①。也就是说，在给定股价等其他变量的情况下，正股波动率高的转债将得到更高的转股期权价值。这一结论在转债低价配置策略中具有十分重要的指导意义：转债绝对价格

① 更详细的关联可参考 B-S 期权定价理论下的 vega 值。

的理论变动空间有限（下至债底，上至强赎触发价），正股波动率更高的品种虽然会面临更大的平价下行风险，但由于转债价格下行过程中受到债底保护，所以转债价格并不会承受与正股相应的下行风险；反之，当正股价格出现反弹时，其平价上行幅度将明显大于其他低波动率品种，从而使得转债有更大机会上行至更高的价格区间。2019 年末的赣锋转债、雅化转债等正股处于高波动率行业的转债标的，便很好地展示了这一特性。

2. 理想情况下的“完美”估值指标：隐含波动率

除了可直接对转债中各类期权价值进行定价外，B-S 期权定价理论还为转债产品提供了一项非常重要的估值指标：隐含波动率。

隐含波动率是在 B-S 公式基础上，将未知量由原本的期权价值设置为波动率 σ，同时用实际的“期权价值”（不考虑附加条款价值，用转债价格-纯债价值作为期权价值）作为已知量代替公式中的期权价值 BS，从而反解出波动率的结果。

从理论上看，隐含波动率对于转债而言是一个理想的估值指标，一方面是因为波动率与转债的期权价值正向相关，另一方面则是因为其为转债提供了一个历史维度上可比的估值指标。相对而言，目前常用的转债估值指标——转股溢价率的标尺会随着平价水平的变化而改变，因此除非转债平价一直维持不变，否则其自身并没有直接在历史维度上进行比较的价值。如果要进行纵向比较，则需结合转债价格、平价等其他指标综合判断，较为烦琐和主观。

理论上，通过判断转债隐含波动率在历史中的分位数水平，以及比较隐含波动率和历史波动率①的相对高低，可以对转债当前所处的相对价格水平和性价比进行判断，从而发挥隐含波动率的估值价值。

① 常用对应时间窗口内的标准差，也可使用 GARCH 及其衍生模型等进行推算。

但遗憾的是，由于隐含波动率指标需要运用 B-S 公式进行计算，前文中提到的各种弊端依然存在，因此即便是运用当前学术界较为前沿的各类 B-S 改进模型进行计算，仍可能由于不满足过多假设条件而得到偏差较大的结果。另外，计算隐含波动率时，通常运用转债价格与纯债价值之差作为期权价值，但事实上这一部分价差还同时包含了附加条款的期权价值，很难运用适当的定量化手段将各类期权价值从中分离。

从光大转债的例子中可以看出，利用 B-S 公式计算出的隐含波动率序列和转债价格虽存在一定的相关性，但契合度仍较为有限，在精确的价格判断上效力不足。同时，隐含波动率也并没有表现出对于价格的领先性特征（见图 70）。

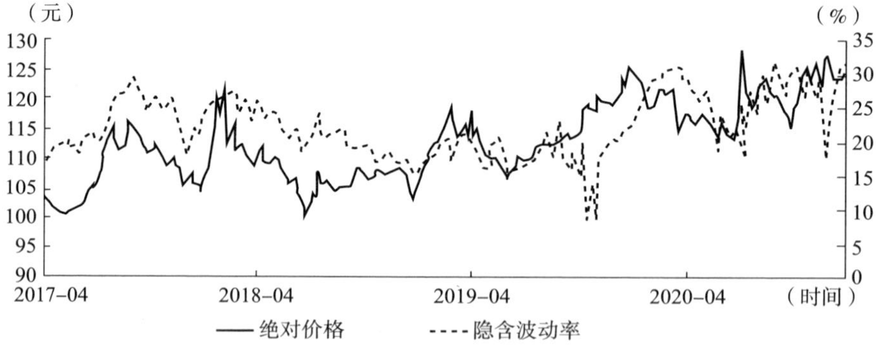

图 70　从光大转债的例子来看，隐含波动率指标实际效用有限

资料来源：Wind。

不过，虽然隐含波动率存在上述问题，但其在部分情况下仍然具有一定关注价值，特别是在隐含波动率处于极端位置，并和其他价格指标指向相同的结论时——例如在隐含波动率和平价或转债绝对价格同时处于极端低位的情况下，隐含波动率仍然能为转债价格处在低点提供侧面佐证。同时，隐含波动率可由 B-S 公式直接解得，在计算上较为便捷，且大多数金融数据终端中可以直接提取，因此目前仍然得到了较为广泛的使用。

（三）研究发展：B-S 方法的拓展、二叉树、LSM

1. B-S 理论的拓展：基于或有权益偏微分方程的单因素和多因素模型

上文提到，随着 B-S 公式的出现和推广，转债定价相关研究迎来了转机，新的定量转债价值研究方法也随之出现，但合成模型的思路过于简单直接，得到的计算结果难免与实际情况存在差距。同时，由于合成模型的价格偏差源于模型设置的缺陷，而并非市场对转债价值的认知偏差，因此当计算出与实际价格存有偏差的结果时，也很难被认为是转债的内在价值。

随后，学术界开始对基于 B-S 公式的转债定价方法进行了改进。Ingersoll（1977a，1977b）、Brennan 和 Schwartz（1977）等对 B-S 公式在转债中的运用进行了新的改进和尝试，与合成模型中直接对转债的期权价值构成进行拆分不同，由于转债在整体层面仍然属于典型的或有权益，这一时期的研究利用 B-S 期权定价理论，在风险中性和风险对冲的定价思路下，直接推导出转债所满足的偏微分方程，此时转债价值就成为一个关于公司价值和到期时间的函数。接着，进一步确定转债面对转股、赎回和回售时的最优策略，并将其作为求解微分方程的边界条件。由于上述微分方程并不存在解析解，所以通常采用数值方法进行求解①。见图 71 所示。

上述思路可以总结为如下几个步骤：

（1）利用 B-S 期权定价理论，确定转债作为或有权益的偏微分方程。

（2）确定不同条款触发时投资者的最优策略，并以此为依据，将

① 以有限差分法为例，其核心思想是将连续的倒数问题进行离散化处理。我们可以用差分近似替代偏微分方程中的偏导数，从而将偏微分方程转化为差分方程，得到衍生证券价格的线性方程组，进而迭代求解得到转债价格的数值解。

赎回、回售等条款转化为方程的边界条件。

（3）利用有限差分法等数值方法对转债价值进行求解。

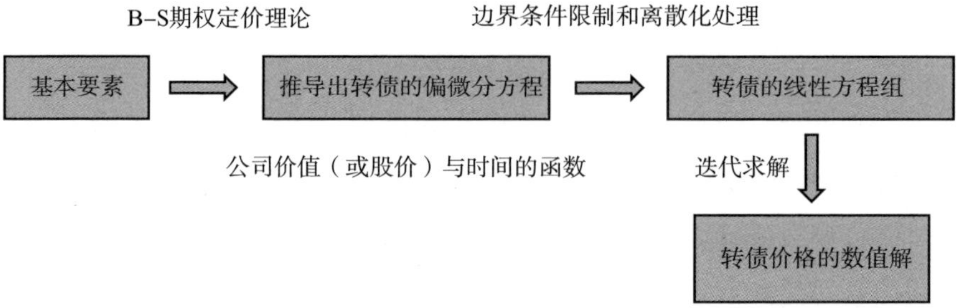

图 71　Ingersoll 直接建立了转债的偏微分方程组进行求解

资料来源：Baumol、Malkiel 和 Quandt（1966）等。

在 Ingersoll（1977a，1977b）的方法中，转债价值的不确定性来自公司价值，因此这样的转债定价模型可视为一个基于公司价值的单因素模型，用于探讨公司价值因素对于转债价格的影响。在随后的研究中，Ingersoll（1977a，1977b）的框架逐渐成为基于 B-S 期权定价逻辑下，转债定价研究的范式和基础。Ingersoll（1977a，1977b）认为，具有固定票息的可转债满足 Merton（1974）设立的或有权益偏微分方程（Contingent Claims Partial Differential Equation）：

$$\frac{1}{2}\sigma^2 V^2 f_{VV}(V,\ \tau)+(rV-C)f_V(V,\ \tau)-rf(V,\ \tau)+f_\tau(V,\ \tau)+c=0$$

其中，V 为公司价值，σ 为资产价格的波动率，τ 为剩余期限，$f(V,\ \tau)$ 整体代表或有权益的价值（这里即是转债的价值），下标代表求偏导，r 为基准利率，C 为每期公司支付的股利和利息总和，c 是其中单位证券所需要支付的部分。

上述偏微分方程是 Merton（1973）经典方程在引入票息、股利等要素后的拓展形式，虽然看上去略显复杂，但可以很清晰地看出，可转债的价值是一个关于公司价值和到期时间的函数。在进一步将赎回、回售、到期选择等因素转化为方程的边界条件和终值条件，并确定波动率、基准利率等客观变量后，便可对转债价格进行数值求解。

相较于简单地将转债各部分价值进行拆分运算，Ingersoll（1977a，1977b）将转债价值整体作为一项或有权益展开讨论，从而刻画出各项条款之间的相互影响，并讨论公司价值等因素对转债价格的影响。同时，在这样的方法体系中，借助显式法等数值求解手段，可以对可转债的美式期权特性进行处理，从而放宽了合成模型的最大限制——只能将条款的期权价值作为欧式期权进行求解。

上述方法在实际应用中仍然存在一个较为明显的问题，那就是公司价值通常难以直接观测，并且也很难找到相对准确的代理变量。因此，后续研究更多地将偏微分方程中的公司价值变量替换为正股股价（McConnell & Schwartz，1986）。以 McConnell 和 Schwartz（1986）为例，替换后的偏微分方程为：

$$\frac{1}{2}\sigma^2S^2f_{SS}(S,\ \tau)+[rS-D(S,\ \tau)]f_S(S,\ \tau)-rf(S,\ \tau)+f_\tau(S,\ \tau)=0$$

其中，S 为股价，$D(S,\ \tau)$ 为股息，其他符号标识与前文中 Merton（1974）的模型一致。此外，McConnell 和 Schwartz（1986）的方法对股息、股利因素进行了简化，因此并未包含 C 和 c 项。

Ingersoll（1977a，1977b）、McConnell 和 Schwartz（1986）的模型只考虑了公司价值因素或股价等单一因素对转债价值的影响，所以也被称作可转债定价的单因素模型。在后续的研究中，市场利率波动、信用风险等因素也被纳入方法体系中，从而形成了基于公司价值（Brennan and Schwartz，1980）或股价与其他因素（讨论最多的还是利率变动）的双因素转债定价模型。

利率变动是最早被引入双因素模型的外生影响因素，也是在后续研究中最常被讨论的对象。其主要原因可能是美国市场的可转债通常具有较长的生命周期，部分转债的期限设置可达 20 年，显著高于我国的 6 年水平，因此从理论角度考虑，在此期间利率始终保持不变的假设并不合理。

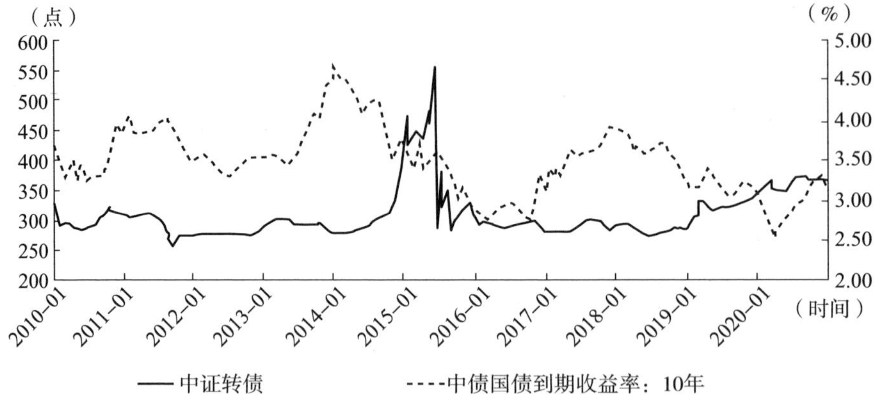

图 72　转债市场价格与利率变动的关联性并不强

资料来源：Wind。

不过从国内外实证研究的结论来看，多数研究成果表明利率变动并不是影响转债价格的决定性因素，而这一结论在当前的国内转债市场同样适用。从指数层面看，2010 年以来转债市场价格与利率变动的相关性并不算强（见图 72）。这样的现象并不难解释，一方面可能是因为我国的转债期限相对较短，对利率变化并不敏感；另一方面则可能是因为利率变动引发的纯债价值变动对转债价格的影响力远不如正股价格变化所带来的平价波动。

除利率变动外，信用风险问题也是拓展研究中的重点讨论对象。实际上，早在 Ingersoll（1977a，1977b）的研究中，即已通过边界条件的形式刻画过企业违约对转债价格的影响。此后，McConnell 和 Schwartz（1986）将转债价格微分方程中的无风险利率替换为包含信用利差的利率，而 Tsiveriotis 和 Fernandes（1998）则进一步将股权价值的折现率设置为无风险利率（股票没有违约风险），而对于票息、赎回补偿、回售价等对应的现金流则采用“无风险利率+信用利差”作为折现率（因为这部分会承担转债的违约风险）。虽然我国转债市场尚未发生过实际违约事件，但上述研究针对不同部分的信用风险水平采用差异化折现率的思想值得借鉴。

总结来看，Ingersoll（1977a，1977b）等设立的方法体系在合成模型的基础上更进一步，将转债价格作为一个整体展开讨论，演化出可用于刻画公司价值、正股价格、市场利率等因素对转债价格影响的单因素及多因素模型。同时，这一阶段的研究可近似对转债条款的美式期权特性进行刻画。如前文所述，在相关研究成果中，许多重要的研究思想和结论沿用至今，例如将转债价格的研究聚焦在正股价格或公司价值上，而非学习成本极高的利率变动因素。

不过同样需要注意的是，B-S 方法体系自身的硬性限制也随着研究的不断深入而逐渐显现，比如 B-S 方法无法正面刻画转债条款触发的路径依赖问题，且通过单纯的方法改进难以克服，这源于方法根基的限制。另外，由于 B-S 方法依赖于数值求解，特别是处理美式期权问题时运算时间不可控，故可能得不到理想的运算结果。因此，若要对转债定价展开更深层次的定量化研究，市场和学术界都需要找到更适应产品特性的分析工具。

2. 二叉树方法：正面应对转债的美式期权特性

随着 B-S 方法局限性的逐渐显现，在 20 世纪 70 年代末，二叉树方法被引入转债定价研究中，这使得转债估值方法在美式期权特征的刻画效率上大幅迈进。在 B-S 方法中，虽然可以通过显式法等手段对可转债的美式期权特征进行处理，但在运算效率等方面仍存在一些问题。

而相较 B-S 方法，二叉树方法最大的特点在于可以正面讨论美式期权的定价问题，并且运算原理较 B-S 方法更为直观、便于理解，且运算效率更高。二叉树定价方法的思想可以概括为：首先将转债未来的存续期划分为多个离散的时间节点，假设未来平价存在上涨和下跌两种可能性，以类似“树枝分叉”的形式在下一时间节点生成两种价格可能，在新的节点不断分支叠加，从而生成反映未来平价可能发展情况的“树”，并在各种条款的边界条件限制下，从最后一期的可能平价开始逆向推导转债当前的理论价格（见图 73）。

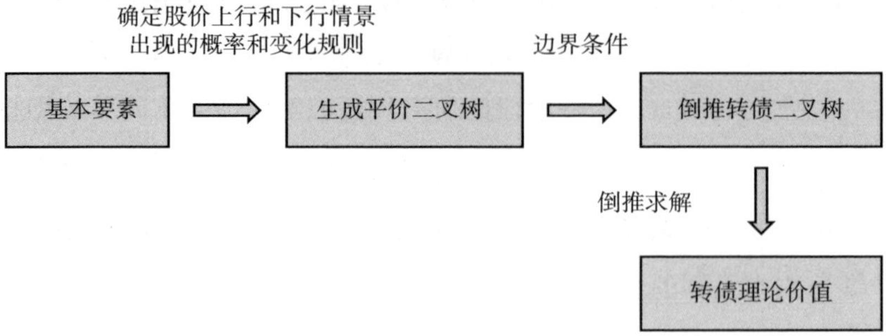

图 73　可转债的二叉树定价思路

我们结合 Goldman Sachs（1994）中的例子，说明二叉树转债定价法的基本原理。文章中设定了一只虚拟转债：面值 100 元、票面利率 11%，剩余到期期限 5 年，当前股价 100 元，转股比例为 1，即这只转债的平价始终与股价相等，其余条款设置见图 74（原文中回售触发价格设置为 80 元）。

到期赎回、强制赎回和回售等条款转化为对应的边界条件：

（1）若转债到期，假设投资者会选择到期赎回价和平价的孰高者作为转债价值。

（2）若触发强赎，假设投资者会立刻选择转股，获得平价。

（3）若触发回售，假设投资者会在倒推出的持有价值低于回售价格时选择接受回售，否则继续持有。

在时间节点的划分上，转债剩余 5 年的存续期按年度划分为 5 个段，对应有 6 个时间节点。接下来开始生成平价二叉树：①站在 6 个时间节点中的第一个，即当前时间，对应图 74 中平价二叉树的最左端，此时已经观测到平价为 100 元；②在下一个时间节点，假设正股价格变化有两种情况：上升或下降（在期权定价中习惯称为 up 和 down，简称 u 和 d），概率分别为 p 和 $1-p$（本例中 p 设定为 0.5），并假定正股价格服从风险中性设定下的几何正态分布，在确定无风险利率和股价波动率后，便可确定正股上涨和下跌的幅度，衍生出二叉树中第一年的 u 价格 115.47 元和 d 价格 94.53 元；③每一个新的价格都可以在同样的规则下衍生出次年的两种可能平价，直至转债到期，并得到一个完整的平价二叉树。①

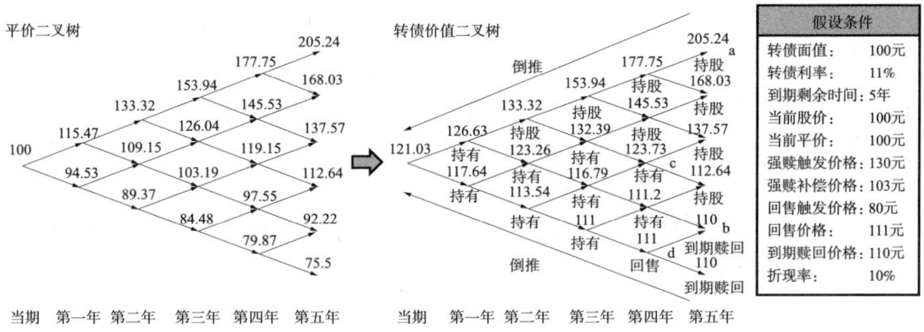

图 74 简单设定下的二叉树模型示例

资料来源：Goldman Sachs（1994）。

在得到转债平价的二叉树后，便可从最后一期开始逐期对转债价值进行逆向推导。总体规则为：在不考虑触发边际条件的情况下，转债的上一期价值等于下一期两种价值可能性期望值的折现值；而在触发边界条件时，按照边界条件的设定回溯。

举例说明，在转债价值二叉树中，首先运用到期赎回边界条件确认到期时点的转债价值，例见图 74 中 a 情形下转债平价远高于转股价，此时理性投资者会选择转股，而非接受到期赎回价，从而使转债价值等于平价；而 b 情形下，转债平价小于赎回价值，因此投资人会选择接受

① 值得注意的是，由于每一期上涨和下跌的幅度确定，因此平价在经历相同次数的上涨和下跌后，得到的最终价格一致，与上涨、下跌出现的顺序无关。例如，对于图 74 中第二年的节点，先涨后跌和先跌后涨的价格变化过程最后会归于同一节点上。

到期赎回而不转股，此时转债价值应为110元。在上述例子中，可以清晰地看到二叉树定价对美式期权的刻画——利用边界条件在每一节点直接对投资者是否行权进行讨论。

确认了到期时点的转债价值后，即可按照前文所述规则向前反推。例如，c情形下，由平价二叉树对应节点可知，转债此时并未触发各类边界条件，因此c点转债价值等于后两期分叉价值取期望值后的折现值。而在d情形下，从平价二叉树的对应位置可见，转债此时已经触发回售边界条件，而此时用“期望+折现”反推出的转债价值小于回售价，因此d情形下理性投资者会接受111元的回售价格，从而确定d时点的转债价值。以此类推，最终可确定当期转债的理论价值。

前文展示了一个设定较为简化的二叉树定价流程，实际分析中可将时间节点逐步细化为月度或日度，并进一步细化正股价格的衍生规则和边界条件。例如，Goldman Sachs（1994）的例子并没有考虑下修条款的边界条件，而后续的国内研究则对我国市场的特色条款进行了补充。例如蒋殿春、张新（2001）便对下修条款在二叉树定价中的引入进行了尝试。需要注意的是，在采取上述方法对二叉树定价进行细化后，方法的计算效率也可能随之明显降低。

从上述推算过程可以看到二叉树方法相较B-S方法能够以非常直观且高效的处理方式解决美式期权的定价问题，但其过于“直观高效”的处理方式也为模型带来了较高的局限性。例如，高度简化的股价演变规则对现实价格波动的模拟效力十分有限，出现上涨和下跌情形的概率设定也很难找到合理的客观依据。同时，二叉树方法并不能解决各条款触发的路径依赖问题。

其实，对二叉树模型的推导过程进一步探究可以发现，若将时间节点分割为无限小，则可以推导出与B-S公式一致的结果，两种方法实质上是同一思想内核下的不同角度展示。因此，B-S公式中存在的诸多局限，二叉树模型仍然存在（Cox，Ross and Rubinstein，1979）。

总体来看，这一阶段的研究过程大于结论，相关成果为后续转债定价研究提供了重要的分析思想：对正股价格在各种情形下的可能变化进行模拟，在充分了解正股未来可能的变化后对当前转债价值进行推导。

表 17　可转债二叉树定价方法的代表性文献

作者（年份）	主要成果和贡献
Cox、Ross 和 Rubinstein（1979）	率先将二叉树技术引入转债定价研究，相比于 B-S 期权定价方法，二叉树方法使用的数学方法更为简单，对于美式期权的数值求解更快。研究同时指出，B-S 公式可以由二叉树模型每一期间隔时间取极限小推得
Goldman Sachs（1994）	系统完整地阐释了二叉树的期权定价方法如何应用于可转债定价中，并举例说明
蒋殿春、张新（2001）	将可转债的二叉树定价方法引入国内市场，并加入了对于下修条款的讨论

资料来源：Cox、Ross 和 Rubinstein（1979）等。

注：具体文献见参考文献。

3. 最小二乘蒙特卡罗模拟法（LSM）：应对条款触发的路径依赖问题

如前文所述，二叉树方法通过对正股价格未来可能出现的变化进行"模拟"，倒推出转债在当前时点的价值。在这样的研究思路下，蒙特卡罗模拟方法自然进入了市场和学术界的视野。相较于二叉树方法，蒙特卡罗模拟可以生成更为完整且连续的股价变动曲线，有助于解决可转债强赎、回售、下修等条款的路径依赖问题。

不过，传统的蒙特卡罗模拟通常只能解决欧式期权问题，而针对可转债价格中典型的美式期权特征，Longstaff 和 Schwartz（2001）提出了最小二乘蒙特卡罗模拟法（Least Squares Monte Carlo Simulation，LSM）。该方法假设正股未来波动符合几何布朗运动，在模拟生成大量可能的正股价格变化（或平价）序列后，便可以采取类似于二叉树的逆向推导方法，借助回归分析中的最小二乘估计逐步推算前一期转债的期望持有价值，最后对各条模拟路径的转债估值结果取平均，进而得到转债在当前时点的理论定价。

从原理来看，相较于 B-S 方法和二叉树方法，LSM 方法对现实状况的拟真程度有了明显提升，加之 LSM 方法可以生成完整的正股价格演化路径，因此我们对边界条件的设置可以进一步细化，刻画触发所需天数等涉及路径依赖的问题。例如，可以在边界条件设置中加入触发时间要素（如强赎条款的 130%、15/30），从而根据模拟结果，清晰地识别出哪些路径触发了强赎，从而进行单独处理。

具体来看，LSM 方法的流程可总结如下：

（1）在一定的正股波动假设下（例如几何布朗运动），模拟生成大量的平价变化路径。

（2）根据边界条件设置找出触发强赎和回售的路径，单独对其当前的转债价值进行直接折现计算。

（3）根据终值条件确定各条模拟路径在到期时的转债价值（方法与二叉树类似）。

（4）在未触发强赎或回售的模拟路径中［Longstaff 和 Schwartz（2001）推荐仅使用正股价格高于转股价的路径样本］，从到期时刻（即第 T 期）开始，将转债价值向前一期进行折现，得到 T-1 期的折现价值，接着在截面维度建立回归方程，将各样本路径 T-1 期的折现价值作为因变量（即回归方程中的“Y”），将各样本路径 T-1 期的平价（或正股价格）作为自变量（即回归方程中的“X”），对方程中的参数进行估计。在此基础上，将各样本路径 T-1 期的平价重新代入方程，推算出各路径 T-1 期的“期望转债持有价值”，将其与 T-1 期的平价进行对比，以孰高者作为当期的转债持有价值。

（5）在上述倒推规则下，不断推算前期转债的理论价值，直至初始时刻，由此得到各条路径初期（即当前时点）的价格推算结果，并对各样本路径的定价取平均（包括触发强赎和回售的），得到最终的转债理论定价结果（见图 75）。

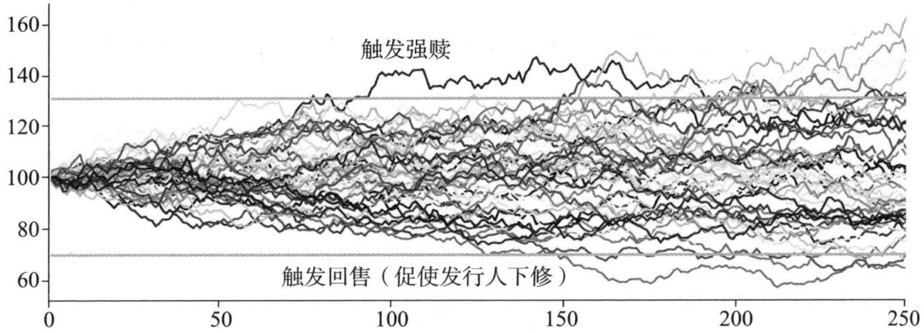

图 75　LSM 法模拟生成的股价序列

资料来源：Goldman Sachs（1994）。

为何要不断使用回归分析来推算上一期的“期望转债持有价值”，而不是简单使用下一期的价值直接进行折现计算？这是因为，模拟得到的路径序列均具有较强的随机性，直接折现计算的上一期推算值将包含过多样本个体差异的不确定因素。而通过回归分析，便可对每一期和上一期转债价值的关联规律进行总结提炼，从而根据样本的整体变化趋势对前一期价格进行推算，得到更具规律性的结果。

在上述例子中，转债的附加条款只考虑了赎回条款和回售条款，并未对下修条款进行讨论，在后续的国内研究中，孙秋玲、梁永福、邓荃文（2017）等也尝试探讨了加入下修条款后的情况。

LSM 方法在二叉树方法基础上对转债定价的模拟研究更进一步，通过直接生成大量正股价格运行路径的方式，结合最小二乘法对转债价格进行倒推。这一思路对未来正股变化的模拟显然比二叉树更加贴合实际，但付出的代价则是，对单只转债个券进行定价将消耗大量计算资源，且需要较长的运算时间。

最后，该方法一个更为核心的问题在于，虽然其在呈现方式上和前文中的方法存在很大区别，但与二叉树和 B-S 方法的关系一样，LSM

方法由于在正股价格波动规律的假定上进行了类似处理，在定价推理中的思路也相似，因此 LSM 方法与 B-S 方法和二叉树方法“同宗同源”，都是在 B-S 期权定价理论的基石下形成的，只是不同角度的衍生。

表 18　可转债 LSM 定价方法的代表性文献

作者（年份）	主要成果和贡献
Longstaff 和 Schwartz（2001）	在传统蒙特卡罗模拟的基础上提出 LSM 法，拓展了蒙特卡罗模拟法在美式期权定价问题中的应用
唐文彬、张小勇（2008）	运用 LSM 方法对国内市场的转债定价进行了尝试
孙秋玲、梁永福、邓荃文（2017）	在 LSM 方法体系中引入下修条款，并引入 Probit 分布，拓展了正态分布在资产价格研究中普遍存在的适应性问题

资料来源：Longstaff 和 Schwartz（2001）等。
注：具体文献见参考文献。

（四）总结：重要的不是结论，而是加深认识转债产品的过程

纵观转债定价研究的发展历史，发现在 B-S 期权定价理论出现后，市场和学术界所采用的主流方法其实都可以视作 B-S 期权定价思路的衍生。随着研究的逐渐发展，转债的美式期权特征问题、条款的路径依赖问题以及利率变动的影响等一个个难题被逐步解决。但遗憾的是，由于方法体系存在来自底层的限制，因此无论如何改进，由此演化出的各类定价手段始终会出现不可避免的偏差。

然而偏差并不意味着这些方法没有实际价值，因为定价方法的进化史同样也是市场和学术界对转债认识不断加深的进化史。从最初的将股票价值和债券价值分别贴现，到后期通过模拟方式探寻未来正股价格可能出现的变化，市场对于转债价格的理解不断深入。这些方法体现出的思想，同样也为当前转债价格的“实战”研究提供了基础。例如，当前最常用的转债估值指标——转股溢价率所反映的市场对正股未来表现的预期，与二叉树和 LSM 方法所试图刻画的未来正股价值变化的可能

性，本质上探寻的内容其实是一致的。

另外，通过这些模型所估算的转债价值本身，虽然时常会成为“精确的错误”，但有时“精确的错误”和“模糊的正确”一样重要。例如，在转债发行工作中，并没有转股溢价率等常用的估值指标可以参考，而上述定量化方法仍然可以在明确给定的假设情形下提供一个数量化的价格标尺。这也是为什么计算简便的合成模型，以及由其衍生出的隐含波动率等指标，仍然常常出现在当前转债的定价研究中。

其实，近年来学术界和市场也在尝试绕开上述约束，运用机器学习等不需要对转债和正股分布做出过分严格假定的方法，以期对转债价格进行研究。例如，Dubrov（2015）、金仁莉（2016）等已经在相关领域迈出脚步。随着方法的不断改进与完善，相信未来转债估值结果的参考价值必将值得期待。

小贴士

关于方法误差和改进的一些疑问

1. B-S 方法从理论上来说是有缺陷的，在实际运用过程中，是否会出现系统性偏高或偏低，能否在实践中进行对应调整？

并不能。由于中国市场不满足 B-S 期权定价思想的核心基本假设，因此存在不可消除的计算误差，并且从实践结果来看，这样的误差并不稳定，偏高、偏低和共振的情形互现，这使得通过判断系统性误差方向来修正估算结果的思路变得并不可行。总体上，在国内市场进一步开放至更加符合模型假设的环境前，我们仍然建议调低对基于 B-S 思想计算指标的参考度权重。

2. 既然B-S思想在国内市场应用受限，我们可以运用其他定价思路对转债价格进行定量化研究吗？

期权定价长期以来都是市场和学术界关注的重点问题，但这一问题本身就存在很强的复杂性：我们可以将股票定价理解为测度市场对公司未来盈利的预期，而期权定价的本质为测度市场对公司股价的预期，本质上是一个“站在未来看未来”式的二重预期问题，而我们并不能站在未来思考这个问题，只能把其中一层预期简化到现在。对应到数学处理上，我们就在B-S公式中将其中一层预期的股价限定为了一个特定的随机过程，才能展开后续研究。如果要正面挑战这样的二重预期问题，则会面临相当大的困难，本质上就是因为我们只能站在当前时点讨论一个基于未来时点的问题。

六、转债市场参与者行为大盘点

本部分将介绍转债市场的主要参与者类型、行为特征，以及如何对各类机构的参与行为进行跟踪。总体来看，公募基金、保险类机构、券商类机构和公司原股东是转债市场的主要参与者，其中公募基金具有较强的交易属性，并且会定期披露详细的持有信息，故建议在机构行为分析中予以重点关注。

（一）哪些机构是转债市场的主要参与者

根据上交所和深交所公布的投资者持有结构数据，虽然常见的各类债市投资者均有转债持仓，但从结构占比来看，机构的参与特征和利率债、信用债存在较大区别。例如，在转债市场的各类持有者中，作为我国利率债和信用债品种的最主要参与者之一，银行机构持有的转债市值占比较低。

国内市场的公募可转债均为交易所品种，目前上交所和深交所均有各自的转债持有者机构数据披露，但机构划分口径存在一定区别[①]。其中，上交所将转债持有者划分为：基金、保险、社保、券商自营、QFII、专户理财、年金、信托、券商资管、自然人、一般法人和其他；而深交所的持有者划分口径，则基本与《证券期货业统计指标标准指引》中对股票投资者的分类方式保持一致，将转债市场参与者划分为：

① 两地交易所发布持有人数据网址分别为：http：//bond. szse. cn/marketdata/statistics/report/struc/index. html，http：//bond. sse. com. cn/data/statistics/monthly/mainbond/。

一般机构、基金专户、基金、券商集合理财、企业年金、信托机构、保险机构、券商自营、其他专业机构、自然人投资者、社保基金、RQFII和QFII等13个类别。

虽然上交所和深交所在机构划分口径方面存在差异，但大多数机构除名称存在细节差异外，类别划分标准仍大体一致，因此可以从两地交易所的类别划分中找出实际口径一致的种类，并对其进行合并或对比分析。简单假设上交所的“一般法人”口径与深交所“一般机构”口径一致、上交所“其他”口径与深交所“其他专业机构”口径一致。对两地交易所参与者结构进行对比发现，两地交易所品种的持有者差异主要体现在一般法人和自然人投资者，其中上交所转债的一般法人持有比例明显高于深交所，而深交所转债的自然人投资者比例则明显高于上交所，这可能是因为深交所品种包含了大量正股弹性较大的创业板。其他主要的专业投资机构持有占比则并无太大差异。

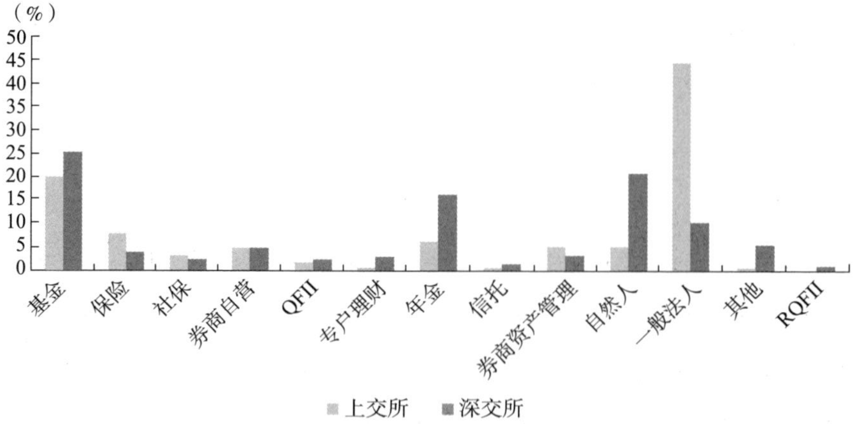

图76　两地交易所各机构可转债持有比例

注：数据截至2020年12月。

一般情况下，通常建议优先选择上交所的分机构持有数据进行转债持有人研究，主要原因有如下两点：①最主要的原因是深交所数据起始时间较晚，自 2019 年 5 月起才开始发布相关数据，截至 2020 年 12 月仅有 20 期历史数据。相较之下，上交所统计数据自 2016 年 7 月开始发布，虽然发布时间也并不算长，但足以覆盖 2017 年初转债市场进入本轮扩容周期后的历史区间，历史数据研究具有更强的参考性。②从规模看，上交所品种的总体规模显著高于深交所品种，因此总量数据在规模层面具有更强的代表性。其中，根据两地交易所 2020 年 12 月发布的转债持有数据，上交所品种的总持有规模为 3216.73 亿元，深交所品种的总持有规模仅为 1821.85 亿元，仅为上交所品种的一半左右。

接下来，按照机构持有比例顺序，对各类别机构的行为特征进行归纳，发现不同机构在参与转债市场时的偏好和行为特征存在明显区别。由于两地交易所划分的机构种类较多，可以上交所机构分类标准为参照，进一步依照机构行为特征和持有规模将转债市场的参与者进行分类整理，最后归纳为六类机构，即发行公司原股东（一般法人）、基金类机构（基金、基金专户）、券商类机构（券商自营、资管）、保险类机构（保险、社保、年金）、个人投资者（自然人）和其他（外资、其他专业机构等）。

1. 发行公司原股东：转债市场扩容后，最主要的持有者

公司原股东是当前阶段转债市场持有比例最高的投资者类型之一。其中一个很重要的原因是，发行人原股东有权在转债发行时优先认购与其持股比例等比的新券金额，叠加市场处于整体高溢价状态时，打新策略的胜率较高（自 2019 年 11 月的迪贝转债起，直至 2020 年 12 月 22 日之前，所有新券均未破发），再加上 2017 年以来的转债市场扩容趋势，原股东在当前转债持有人结构中占据了较高比例。

原股东参与转债的最主要途径还是优先配售以博取打新收益，因此在行为特征上，往往会在随后进行减持。虽然部分原股东在参与优先配售后，会出于对后续转债陆续转股后股权稀释问题的担忧，选择在优先

配售后长期持有转债，但从截至目前的历史案例来看，更多股东会选择先减持转债以赚取打新收益，后续若实际面临股权稀释压力时再通过其他途径增持股票，以保护自身的持股比例。需要注意的是，根据2021年1月31日执行的《可转换公司债券管理办法》，转债已被明确纳入新《证券法》中“其他具有股权性质的证券”范畴，持股比例超过5%的原股东和公司高管在配售转债后将面临6个月的锁定期限制，故原股东打新后迅速卖出的价格博弈模式在后期将面临更大的摩擦。

在上述行为特征下，原股东往往成为转债新券发行时最主要的配置力量，后续交易方向基本为单向减持，上市后在二级市场大量增持的情况并不多见，且交易活跃度不高，主要交易额集中在新券上市初期，或大股东6个月解禁后。

一般法人或一般机构的重要参与者还有银行理财等。从目前情况看，银行理财等机构直接持有的转债市值可能并不大，但通过委外渠道参与转债市场的规模不容忽视。

2. 基金类机构：关键的交易型参与者

基金类机构作为转债市场中的第二大参与力量，相较一般法人，在交易行为上具有更强的交易型特征。需要注意的是，由于基金的投资策略不尽相同，其会在转债市场中呈现出较大的差异化行为特征。若某基金将转债视为主要投资品种（例如转债基金），并积极博取高弹性券种相对于其他固收产品的高弹性收益，那么这部分基金便会在市场中展现出较强的交易意愿；而采取低价配置策略的基金在转债交易行为上则以搜寻优质低价品种并长期持有为主，体现出的交易意愿也会相对较低。

需要注意的是，大量公募基金都是相对收益型投资者，他们在参与转债市场时常会体现出一定趋同性。例如，2019年以来的转债估值持续拉伸，很大程度上是因为许多作为相对收益投资者的基金机构不得不进入转债市场。

在本部分的后半部分，我们将对各种不同类型基金在转债市场的持有特征进行详细比较。

3. 券商类机构：多账户申购优势不再，参与特征回归常态

券商资管、自营也是目前转债市场的重要参与者。行为特征方面，2019 年之前，券商机构最大的优势是可通过多账户网下申购方式从一级市场获配规模较大的新券。随着 2019 年 3 月起相关规则的逐渐完善，券商类机构在新券申购中的特殊优势已经不复存在，只能通过单一账户参与网下申购，这也导致券商资管和自营的转债持有规模在之后出现了一定下降。

在申购政策逐步完善后，券商资管和自营的行为特征与公募基金体现出了较强的相似性。但需要注意的是，由于自营等机构主要为绝对收益投资者，故而在转债交易行为中趋同性弱于基金；同时，由于资金性质的不同，券商资管和自营机构的转债交易行为存在差异，例如券商资管的行为特征很大程度上受到合同的约束，而自营机构由于资金较为稳定，时常可以进行逆势交易，如在市场悲观时期逆向加仓买入等。

4. 保险类机构：持有比例不断提升，等级要求相对较高

相对于券商和基金，保险类机构往往对发行人的主体信用评级和其他资质等相关信息有着更高要求。总体而言，无论是在等级偏好还是交易特征上，保险机构在参与转债市场时都趋于稳健。由于部分保险资管单体资金规模较大，时常会对单只大盘转债进行较高比例配置，反映到交易行为上，即往往具有更长的增持和减持周期，对个券的持有期也可能更长（毕竟转债市场的流动性有限）。另外，与公募基金不同，保险类机构在考核中并不追求相对收益，可接受的回报周期也较长。因此综合各方面来看，保险机构在转债市场中属于较为稳定的配置力量。

等级方面，保险机构可接受的转债主体信用评级范围通常在 AA 及

以上，部分要求严格的机构甚至会将等级下限设置在AA+，甚至AAA。相对而言，公募基金和券商资管、自营等机构的等级要求则通常设置在AA-或A+以上，这意味着对于很多主体信用评级偏低的品种，保险类机构无法参与，而等级越高，各类机构参与的限制也越少。这也是转债市场中时常会出现等级溢价现象的重要原因之一。

5. 其他类型机构：重点关注自然人投资者的扰动

长期以来，自然人投资者在转债市场的各类参与者中占比并不算高，但在前期爆发的炒作性交易中，自然人投资者的行为成为推动市场异常活跃交易的主要力量之一。前文中提到，深交所品种的自然人投资者占比明显高于上交所品种，这一方面是因为深交所转债中包含正股波动更大的创业板品种，对以投机性需求为主的自然人投资者吸引力较强；另一方面，在近期转债市场的局部炒作行情中，由于深交所品种对转债触发强赎条件之后的信息披露规定相对宽松等，炒作交易的参与者在深交所转债中形成了“强赎不执行”的预期，进一步催生了大量的炒作品种。对于这部分标的，由于受研究能力和风险偏好的影响，自然人投资者的行为往往会加剧转债的价格波动。因此，对于具有超高换手率、低评级、小规模等典型特征的炒作券种，建议机构投资者在择券过程中进行识别并相应筛除。

（二）市场参与者的结构变迁

对于转债市场持有结构的变化研究，可以运用的历史数据并不多，毕竟即使是数据公布时间稍长的上交所数据，也仅能追溯到2016年7月。但对于国内转债市场研究而言，这已经足够覆盖于2017年初开始的本轮转债市场扩容周期，加之上交所品种的存量规模显著高于深交所品种，因此在接下来的部分中，我们将主要利用上交所公布的持有数据，对本轮市场扩容中投资者结构的变迁进行回溯。

1. 2016 年至 2017 年初：市场扩容尚未开始，基金机构为主要持有者

2016 年至 2017 年初，定增政策尚未收紧，叠加存量个券数目有限，上交所品种的总持有规模长期稳定在 260 亿元左右。在这段时期，基金类机构是市场中持有转债比例最大的参与者，其持有转债的市值占比接近 40%，与当前市场中的一般法人持有比例接近。由于这段时间市场存量转债规模较小，即便是持有比例最高的基金类机构，在上交所品种中持有的总市值也仅为 100 亿元左右。同时，这段时间各类机构的持有比例也相对稳定，见图 77、图 78。

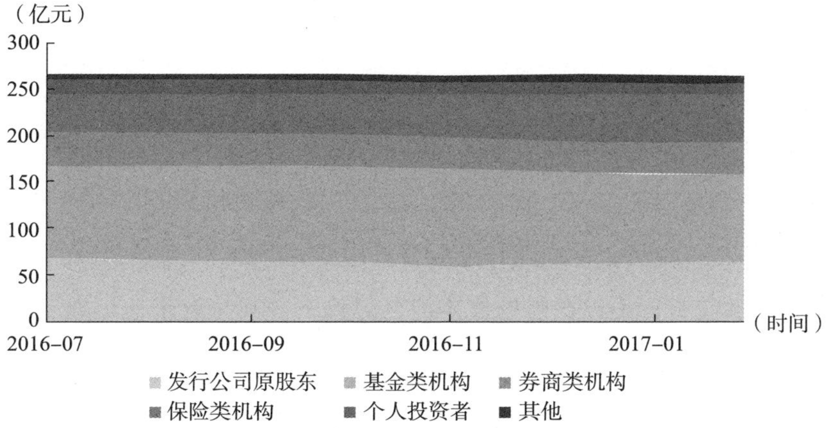

图 77　扩容前，基金类机构是最大持有者

资料来源：Wind。

2. 2017 年初至 2018 年：定增收紧带来契机，市场扩容迅速推进

2017 年初，定增相关政策频繁收紧，叠加可转债信用申购制度落地实施，可转债市场迎来了扩容契机。2017 年 2 月，证监会发布的《关于修改〈上市公司非公开发行股票实施细则〉的决定》对定增的定价、规模、周期等方面做出调整，定增之前的发行难度低、定价灵活等相对优势明显削弱。在这样的融资环境下，可转债作为替代性品种迅速进入发行人视野。再融资新规发布伊始，适逢光大转债发行，上交所持

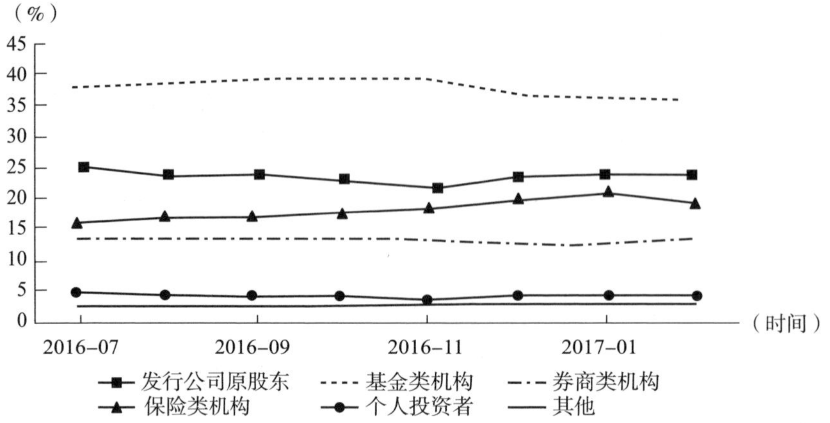

图 78　基金类机构持有市值比例最高

资料来源：Wind。

有规模由 260 亿元迅速提升至 560 亿元左右（见图 79）。这一时期，在转债加速发行和原股东大比例优先配售下，发行公司原股东持有比例大幅提升到 40%，成为占比最大的机构类型；保险类机构占比同样大幅提升到 30%左右；基金类机构和券商类机构持有市值占比同期分别下降至 20%、10%左右，不过在市场整体扩容趋势下，其持有市值仍显著增加（见图 80）。

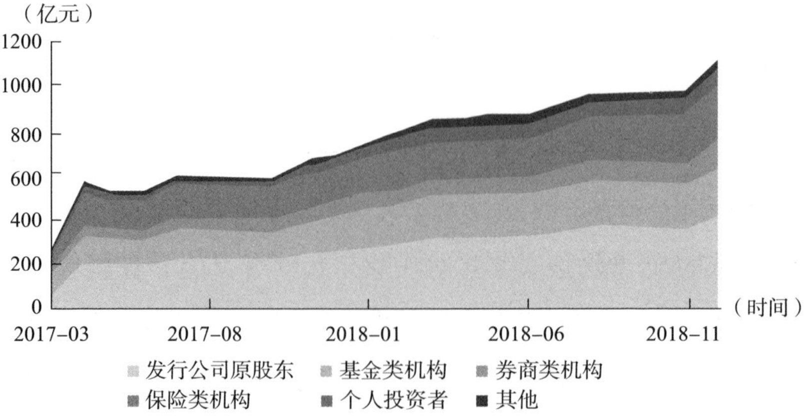

图 79　市场扩容开始，各类机构纷纷增持

资料来源：Wind。

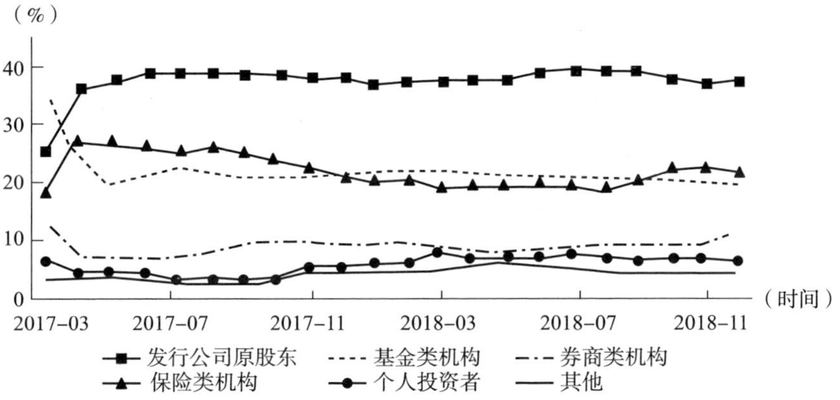

图 80　原股东占比大幅提高，成为最大持有类型

资料来源：Wind。

2017 年 5 月，证监会发布《上市公司股东、董监高减持股份的若干规定》，定增政策进一步收紧。而转债政策方面，同年 9 月证监会修订《证券发行与承销管理办法》部分条款，正式实施可转债信用申购制度，大力推动转债需求。截至 2017 年末，上交所品种总持有规模已升至 700 亿元左右。

2018 年，权益行情发生变化，转债市场在正股带动下进入漫长熊市。其间，转债发行虽然受权益市场影响时有破发现象，但扩容趋势仍然延续。2018 年全年，市场共发行转债 67 只，高于 2017 年的 40 只；但由于平均规模较小，新发额度从 946 亿元下降到 787 亿元。这段时间，上交所品种的持有规模稳步上升，从年初 757 亿元上升到 1120 亿元，各类型机构的持有市值与总规模同步上涨，占比较为稳定。此外，以原股东为主的一般法人在该阶段一跃成为持有比例最大的参与者，占比约四成。

3. 2019 年至 2020 年底：发行公司原股东参与比例进一步增加，各类机构持有量均有上升

进入 2019 年，转债市场迎来了持有者结构变化的第三阶段。在

2019年初的权益市场行情带动下，转债正股大量上涨，转债市场发行只数和规模也在2019年第一季度出现大幅增加。随着打新收益率的显著提升，原股东申购热情进一步提升。截至2020年末，发行公司原股东持有的市值占比提高到45%左右，市值规模上升至1400亿元；基金类机构和保险类机构持有比例则分别下降至20%、17%左右，但由于市场总体规模提升，其持有市值仍较2018年末明显增加。

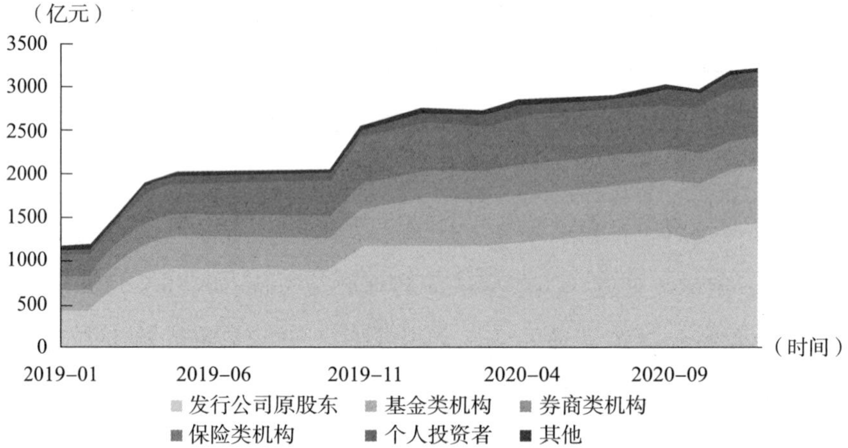

图81　2019年年初和年末各有一次大规模发行

资料来源：Wind。

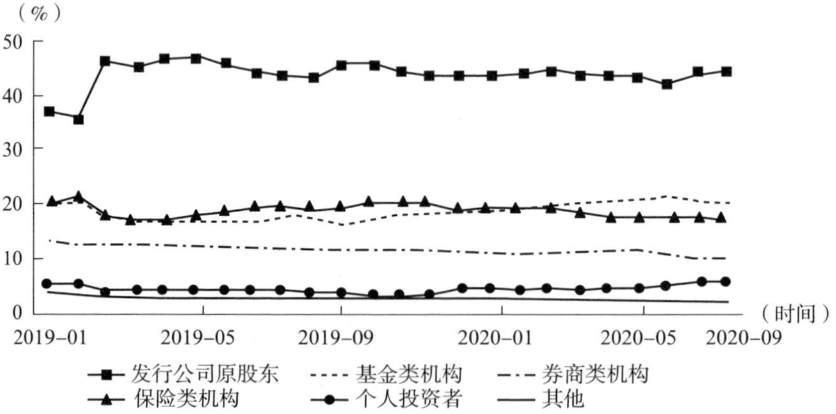

图82　发行公司原股东占比进一步提升

资料来源：Wind。

2019年末，转债市场再次迎来发行高峰，10月底浦发转债的发行带动当月发行规模站上历史峰值。11月上交所所有类型机构持有市值同步上涨，而占比基本维持稳定。其中发行公司原股东持有市值环比提升最多，约32%，而上交所品种同期市值环比增幅约为26%。此后，上交所品种规模缓慢提升，各类型机构占比较为稳定。

（三）公募基金：聚焦重点分类及转债基金

在前文所述的各类转债主要参与者中，建议重点关注公募基金类机构。主要原因有如下三点：①公募基金在转债市场专业机构投资者中交易行为相对活跃，且持有比例一直稳定在较高位置，对转债市场价格的影响力较强；②相较其他类型机构，我们可以从基金定期报告中获取更为详细的参与信息；③由于在当前的信息披露要求中，基金机构需要披露相对完整的转债持有情况（而非仅仅公布持仓前五的债券品种）①，因此可以反推出转债个券在各类基金机构中的持有情况。

1. 哪些基金类别关注价值较高

按照Wind开放式基金一级划分口径，各类基金中债券型基金的持有比例最大，混合型基金次之。从2020年第四季度基金季报统计数据来看，债券型基金持有市值占比为75.4%，混合型基金占比23.3%，而股票型基金和另类投资基金的持有占比则相对较少，仅分别为0.6%和0.7%，见图83。②

在基金二级分类中，债券型基金方面，二级债基持有转债的市值占比最大，达到债券型基金总体的75.09%（见图84），而一级债基和中

---

① 转债基金定期报告中披露了持仓前五的债券品种、处于转股期的转债以及持仓前十的股票品种，而未处于转股期且未进入债券持仓前五的转债则不会被披露。因此，对于海大转债等尚未进入转股期的品种，目前已披露的持仓数据基本为股票型和混合型基金。

② QFII并未披露转债持有数据，故本书不予讨论。

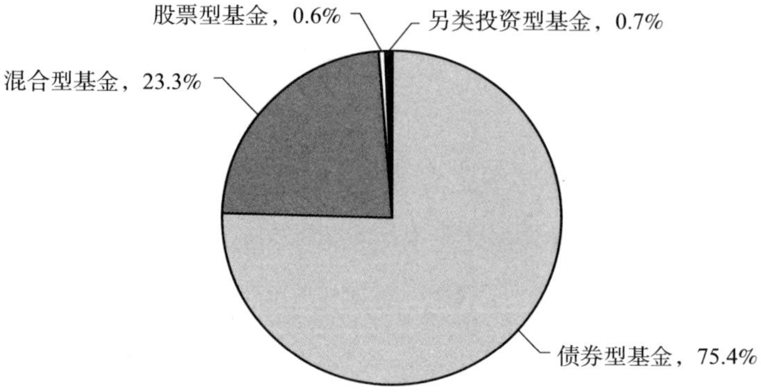

图 83　债券型基金和混合型基金是基金市场中的主要转债持有者

资料来源：Wind。

注：数据截至 2020 年第四季度。

长期纯债基金则分别占 14.54%和 9.02%，其他类别则占比较小；混合型基金方面，偏债混合型基金、灵活配置型基金和偏股混合型基金持有的转债市值分别占混合型基金整体的 54.46%、33.49%和 7.41%，而平衡混合型基金占比较小，见图 85。

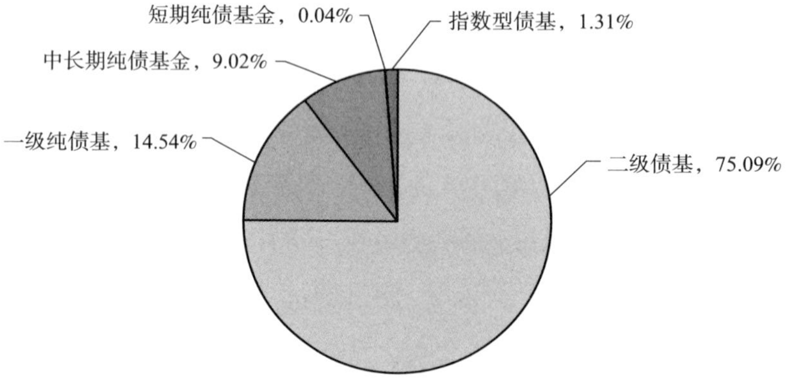

图 84　债券型基金中，二级和一级债基持有比例较大

资料来源：Wind。

注：数据截至 2020 年第四季度。

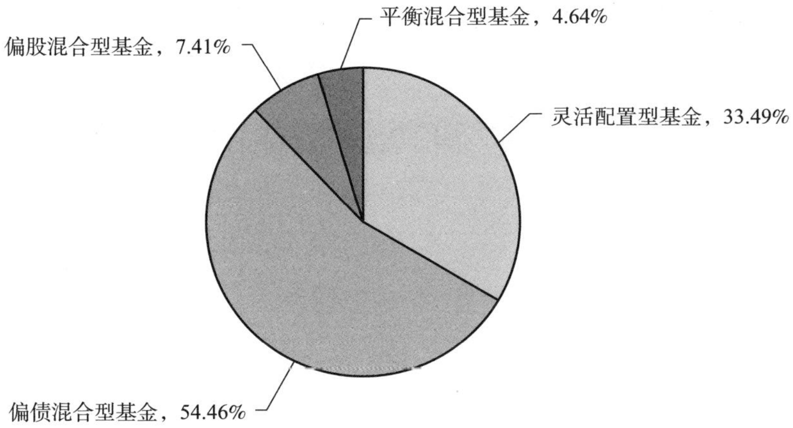

图 85　混合型基金中，偏债混合型基金持有占比过半

资料来源：Wind。

注：数据截至 2020 年第四季度。

从持有规模的变化趋势来看，在一级分类下，债券型基金作为基金机构中最主要的持有者，其持有的转债市值仍处于快速上升状态，而混合型基金持有的转债市值则在进入 2019 年后趋于平稳（见图 86）。在各二级分类中，持有转债市值最大的二级债基仍保持较高的增持速度，一级债基也同样处在持续增持状态（见图 87）。

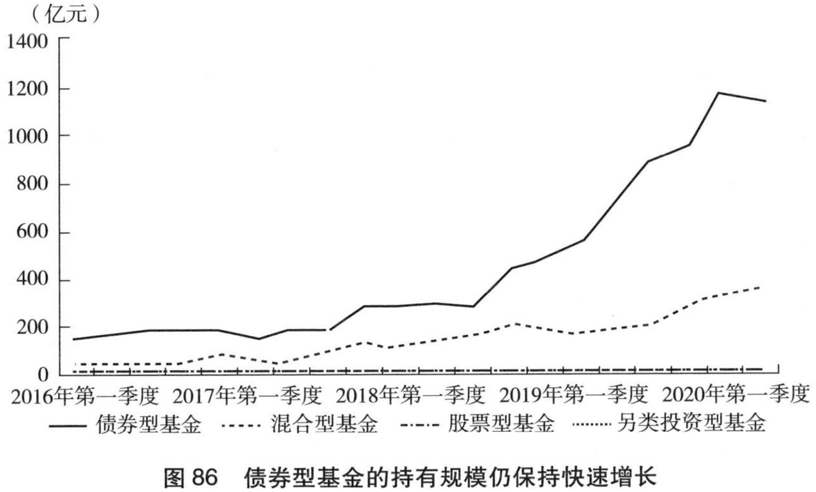

图 86　债券型基金的持有规模仍保持快速增长

资料来源：Wind。

从整体趋势来看，无论是在一级分类还是二级分类下，转债持有市值靠前的基金往往也维持着较高的持有量增速。总体看，债券基金大类下的二级债基和一级债基值得重点关注。

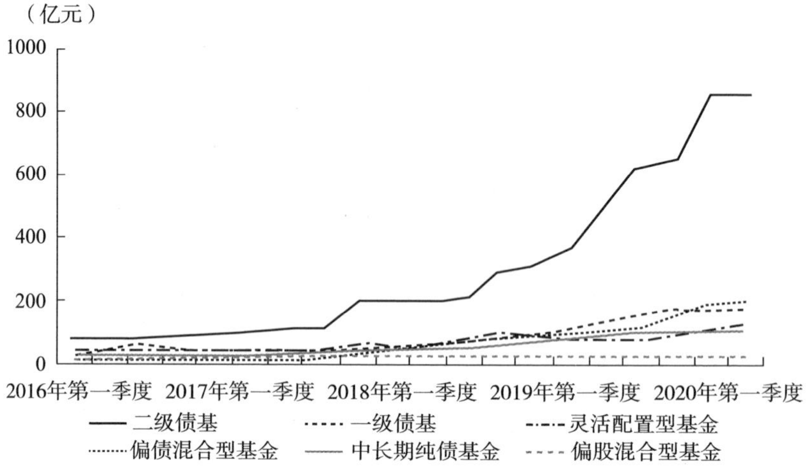

图 87　二级分类下，持有规模最大的二级债基仍保持着最高的增持速度

资料来源：Wind。

从转债仓位来看，债券型基金中的二级债基仍是仓位最高的类别。我们可以运用各类别基金持有的转债市值占其净值比例来刻画基金持有的转债仓位，在一级分类下，截至 2020 年第四季度，两类主要的转债持有者——债券型基金和混合型基金的转债仓位分别为 2.39% 和 0.78%，所持有的转债市值在其净值中的比重并不高。从趋势上看，债券型基金的转债仓位自 2017 年至今始终维持着上升趋势，而混合型基金则在进入 2019 年后有所回落，这可能是因为随着转债市场估值的不断累积，对于混合型基金而言，转债相对正股的性价比出现了边际减弱，见图 88 所示。

从二级分类来看，六个主要类别中，转债仓位较高的为二级债基、一级债基和偏债混合型基金。其中，二级债基的转债仓位明显更高，也是 2020 年第四季度转债仓位唯一接近 20%的类别。偏债混合型基金的转债仓位一度超过一级债基，但早在 2019 年第二季度即已出现下降。

上述变化趋势或与近期转债与正股的相对性价比有一定关系。各类重点二级分类基金在2020年第四季度均出现一定减仓趋势，见图89。

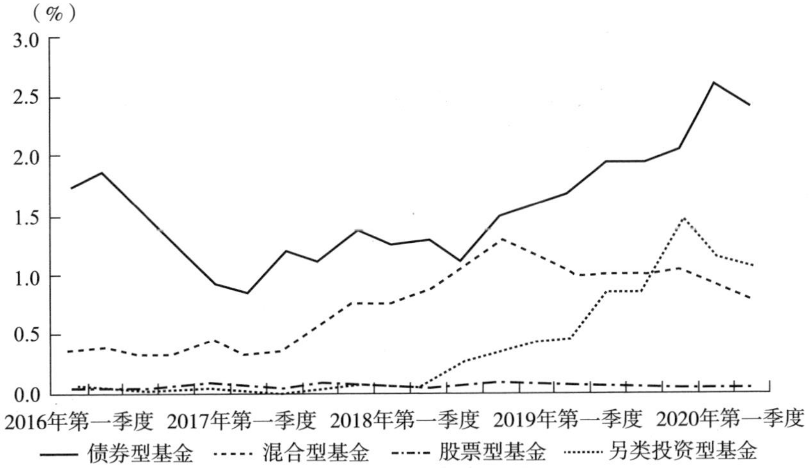

图88　债券型基金的转债仓位相对较高

资料来源：Wind。

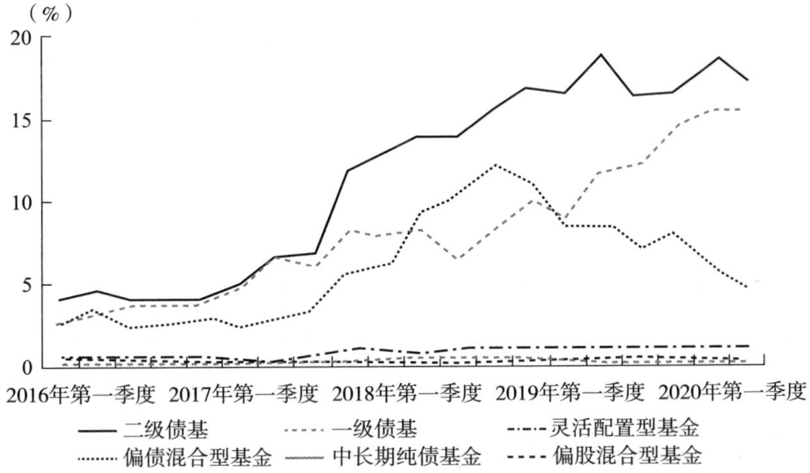

图89　二级债基转债仓位相对较高

资料来源：Wind。

综合持有规模和仓位信息，在研究基金机构的转债持仓结构时，债券型基金类别下的混合一级/二级基金、中长期纯债基金，以及混合型基金分类下的偏债混合型基金、灵活配置型基金、偏股混合型基金，可能对转债市场影响力较大。其中，混合二级债基的持有转债市值最大，且明显超过其他二级基金类型，值得重点关注，而一级债基和偏债混合型基金的关注价值同样较高（见图 90）。除这 6 个二级类型之外，其余基金分类持有的转债市值相对较少。

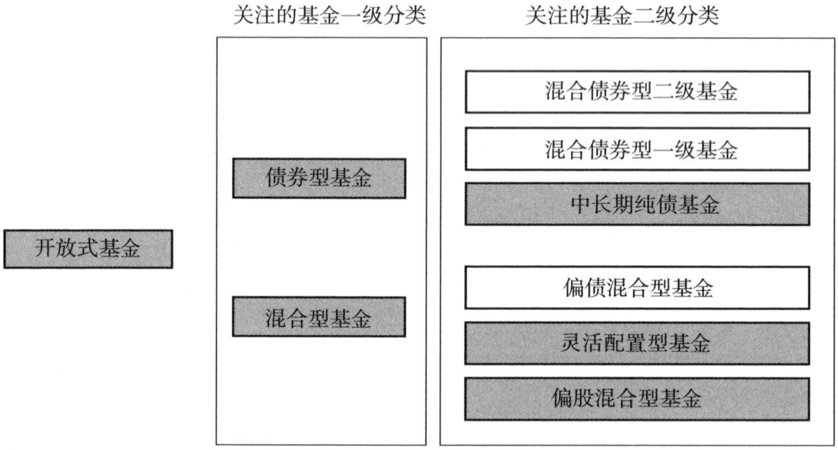

图 90　值得重点关注的基金类型

2. 转债基金——值得重点关注的特殊类型

除前文提到的 6 个重点二级分类外，转债基金这一特殊分类可能更值得重点关注。实际上，在常见的基金类别划分中，并没有“转债基金”类别。由于市场中的确存在部分以可转债为主要投资品种的基金产品，而这些基金的转债持有比例往往远高于其他基金类别，故在基金持有转债的行为研究中，常对此类基金进行单独分析。一般情况下，转债基金都会在基金名称中体现出重点投资转债的特性，因此可对名称中含有“转债”“可转换债券”等表述的基金进行挑选，整理出转债基金名单。

投资策略方面，转债基金往往会在基金的投资目标和范围中明确指出将以可转债为重点投资对象。以截至2020年第四季度市场中资产净值规模居前的转债基金——长信可转债基金①为例，其在投资目标中明确将转债列为最主要的投资品种，并在投资原则中强调“利用可转债‘进可攻、退可守’的特性，在有效控制流动性和风险的前提下，构建固定收益类资产的投资组合，以其债性锁定本金安全，以其股性分享股市成长带来的收益”。

截至2020年第四季度，市场中转债基金共有45只（长信可转债A/C等品种已做合并处理），其中持有转债规模超过20亿元的基金有汇添富可转债、长信可转债、富国可转债、兴全可转债和中欧可转债，这5只基金持有的转债市值高达转债基金持有总额的64.1%。值得注意的是，当前转债基金的规模分化较大，45只中有29只持有的转债规模不足3亿元，并有15只基金持有的转债市值不足5000万元（见表19）。因此，在转债基金这一分类中，排名靠前的基金在规模上具有绝对优势，对转债市场可能有着较大的影响。

表19　截至2020年第四季度的转债基金列表

转债基金	转债市值（亿元）	基金市值（亿元）	转债仓位（%）
汇添富可转债	63.88	85.69	74.55
长信可转债	61.45	68.05	90.30
富国可转债	29.64	30.76	96.33
兴全可转债	22.02	36.10	61.00
中欧可转债	20.62	24.40	84.51
南方希元可转债	16.74	17.60	95.11
鹏华可转债	14.37	18.18	79.03
博时转债增强	11.72	14.32	81.83

① 资料来源为长信可转债A。

续表

转债基金	转债市值（亿元）	基金市值（亿元）	转债仓位（%）
博时中证可转债及可交换债券 ETF	10.21	10.30	99.07
工银瑞信可转债	7.38	9.18	80.40
中银转债增强	7.10	8.44	84.14
长盛可转债	6.70	6.67	100.45
华安可转债	3.95	4.02	98.39
华夏可转债增强	3.69	4.72	78.28
华宝可转债	3.45	3.95	87.49
海富通上证投资级可转债 ETF	3.01	3.16	95.48
中海可转换债券	2.43	2.26	107.79
国泰可转债	2.38	2.76	86.22
银华可转债	2.37	2.36	100.77
华商可转债	1.77	1.80	98.48
申万菱信可转债	1.59	1.93	82.32
天治可转债增强	1.36	1.12	120.88
华商转债精选	1.19	1.13	104.59
广发可转债	1.17	1.35	86.46
南方昌元可转债	1.12	1.10	101.50
建信转债增强	0.87	1.06	82.15
长信中证转债及可交换债 50	0.77	0.77	99.09
宝盈融源可转债	0.76	0.80	95.60
前海开源可转债	0.58	0.75	77.87
中泰中证可转债及可交换债	0.55	0.52	105.61
工银瑞信可转债优选	0.48	0.55	86.72
万家可转债	0.44	0.39	114.45
民生加银转债优选	0.41	0.54	76.22
上银可转债精选	0.38	0.61	61.77
交银可转债	0.36	0.43	82.35
平安可转债	0.32	0.31	103.66
融通可转债	0.28	0.32	89.71
招商可转债	0.26	0.31	83.12

续表

转债基金	转债市值（亿元）	基金市值（亿元）	转债仓位（%）
大成可转债增强	0.20	0.22	91.14
财通可转债	0.15	0.19	76.26
华富可转债	0.13	0.12	104.84
东吴中证可转债	0.09	0.10	94.50
长江可转债	0.06	0.07	85.15
创金合信转债精选	0.03	0.02	109.78
海富通可转债优选	0.02	0.02	99.59

资料来源：Wind。

仓位方面，由于转债基金采用了以可转债为主要方向的投资策略，从图 91 中可以看出，无论规模大小，转债基金所持有的转债仓位与其他主要的持有基金类型不在一个级别。与前文所述的重点二级基金类别划分相比，转债基金持有的转债仓位已脱离这些分类所处的仓位区间。截至 2020 年第四季度，转债基金整体的转债仓位达到 83.5%，远超二级债基的 17.1%。

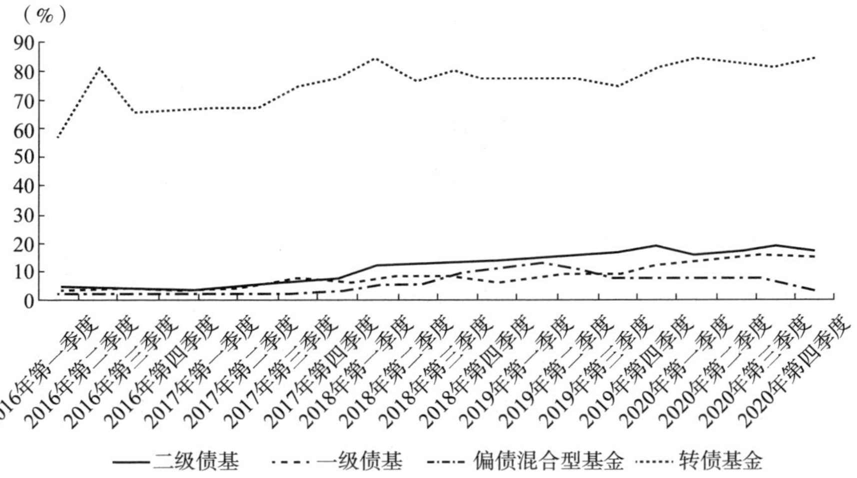

图 91　转债基金持有的转债仓位与其他基金不在一个级别

资料来源：Wind。

在巨大的仓位优势下，虽然转债基金仅有 45 只，但其持有的转债市值已超过二级债基的 35%，并超过了一级债基、偏债混合型基金等其他主要品种。

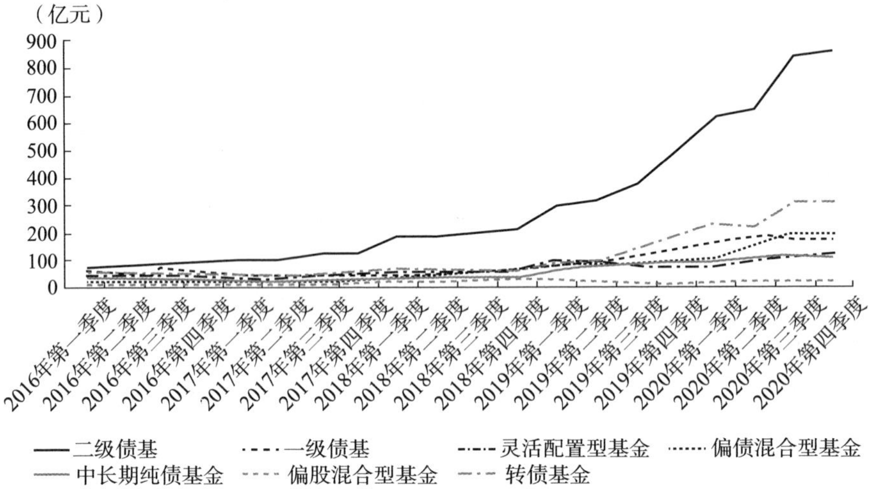

图 92　转债基金持有的转债市值居市场第二

资料来源：Wind。

3. 从个券角度出发进行基金持有特征分析

基金在定期报告中需公布所持转债相对完整的信息，因此除了从基金分类角度进行分析外，还可以从个券角度观察基金参与行为对转债市场的影响。利用各基金公布的转债持有明细，我们可以汇总出每个报告期公募基金持有的个券数据。

表 20 分别展示了按持有基金数量和基金持有市值排序的个券列表。对比之下，我们认为按照持仓市值方式进行排序可以更好地反映基金重点持有的转债信息。这是因为，如按照持有基金数目进行计算，排名靠前的个券将包含韦尔转债、大秦转债等基金实际持有规模较小的品种。出现这种现象的原因是，类似品种大多由混合基金和指数型基金持有，虽然买入的基金数目较多，但单只基金持有的市值通常在 100 万元以

下，从而造成持有机构虽多，但市值仅有不足 3 亿元的情况（公募基金仅需披露前五大债券持仓和处在转股期的转债明细，彼时韦尔转债和大秦转债属刚上市新券，尚未进入转股期，因而持有债券较少的偏股型基金如果持有上述品种，韦尔转债和大秦转债则可能因进入前五大持仓而被披露）。相较而言，按照持仓市值排序，排名靠前的转债标的很少出现持有基金数目处于极端低位的情形。

表 20　按持有总市值排序的结果通常更具参考性（2020 年第四季度）

按持有总市值排序				按持有基金数排序			
代码	名称	持有基金数（只）	持仓总市值（亿元）	代码	名称	持有基金数（只）	持仓总市值（亿元）
113011. SH	光大转债	320	86. 88	113616. SH	韦尔转债	341	1. 80
110059. SH	浦发转债	305	74. 63	113011. SH	光大转债	320	86. 88
110053. SH	苏银转债	257	58. 25	110059. SH	浦发转债	305	74. 63
113021. SH	中信转债	174	25. 68	113044. SH	大秦转债	287	3. 46
127005. SZ	长证转债	201	22. 24	110053. SH	苏银转债	257	58. 25
128112. SZ	歌尔转 2	217	20. 92	128136. SZ	立讯转债	237	3. 32
113013. SH	国君转债	163	20. 24	128112. SZ	歌尔转 2	217	20. 92
113038. SH	隆 20 转债	92	17. 67	127005. SZ	长证转债	201	22. 24
113008. SH	电气转债	83	12. 94	110065. SH	淮矿转债	182	11. 03
113041. SH	紫金转债	95	12. 94	113021. SH	中信转债	174	25. 68
110051. SH	中天转债	169	12. 19	110051. SH	中天转债	169	12. 19
110065. SH	淮矿转债	182	11. 03	113013. SH	国君转债	163	20. 24
128048. SZ	张行转债	128	10. 42	113025. SH	明泰转债	155	6. 61
113014. SH	林洋转债	117	9. 32	110043. SH	无锡转债	139	8. 62
110043. SH	无锡转债	139	8. 62	128081. SZ	海亮转债	131	7. 49

资料来源：Wind。

除了持有量的时点数据外，机构持有的转债规模变化情况同样值得关注。例如，对比基金重点持有的转债标的在 2020 年第四季度和 2020 年第三季度的变化，可以知道哪些转债基金在 2020 年第四季度被基金重点增持或减持。从表 21 数据来看（计算增持数额时已剔除新券发行影响），光大转债、隆 20 转债和交科转债等标的被基金机构重点增持，而从表 22 数据看，浦发转债、盛屯转债和久立转 2 等品种则出现了较大幅度的基金减持。

表 21　2020 年第四季度，光大转债、隆 20 转债和交科转债等标的被基金机构重点增持

按持有市值增加排序				
转债代码	转债名称	2020 年第四季度持仓总市值（亿元）	2020 年第三季度持仓总市值（亿元）	环比增加市值（亿元）
113011. SH	光大转债	86. 88	74. 97	11. 91
113038. SH	隆 20 转债	17. 67	6. 26	11. 41
128107. SZ	交科转债	8. 01	0. 14	7. 87
128109. SZ	楚江转债	8. 45	1. 35	7. 10
113034. SH	滨化转债	6. 95	0. 54	6. 41
113033. SH	利群转债	6. 10	0. 40	5. 70
113582. SH	火炬转债	7. 20	1. 74	5. 46
123049. SZ	维尔转债	5. 33	0. 25	5. 08
128108. SZ	蓝帆转债	6. 38	1. 31	5. 07
113583. SH	益丰转债	6. 49	1. 48	5. 01
123050. SZ	聚飞转债	5. 02	0. 15	4. 87
127016. SZ	鲁泰转债	4. 27	0. 00	4. 27
110065. SH	淮矿转债	11. 03	7. 08	3. 95
128115. SZ	巨星转债	3. 96	0. 55	3. 41
128114. SZ	正邦转债	4. 07	0. 82	3. 25

资料来源：Wind。

表 22　2020 年第四季度，浦发转债、盛屯转债和久立转 2 等品种出现了较大幅度的基金减持

按持有市值减少排序				
转债代码	转债名称	2020 年第四季度持仓总市值（亿元）	2020 年第三季度持仓总市值（亿元）	环比增加市值（亿元）
110059. SH	浦发转债	74. 63	83. 04	−8. 41
110066. SH	盛屯转债	2. 94	8. 39	−5. 45

续表

按持有市值减少排序				
转债代码	转债名称	2020 年第四季度持仓总市值（亿元）	2020 年第三季度持仓总市值（亿元）	环比增加市值（亿元）
128019. SZ	久立转 2	0. 23	5. 16	-4. 93
127018. SZ	本钢转债	0. 73	4. 90	-4. 17
110055. SH	伊力转债	1. 30	4. 45	-3. 15
113543. SH	欧派转债	3. 93	6. 79	-2. 86
128085. SZ	鸿达转债	2. 06	4. 65	-2. 59
113545. SH	金能转债	5. 21	7. 53	-2. 32
128096. SZ	奥瑞转债	1. 86	4. 12	-2. 26
113029. SH	明阳转债	5. 46	7. 66	-2. 20
128065. SZ	雅化转债	1. 25	3. 41	-2. 16
113032. SH	桐 20 转债	4. 51	6. 63	-2. 12
110072. SH	广汇转债	0. 71	2. 82	-2. 11
123046. SZ	天铁转债	0. 30	1. 98	-1. 68
110073. SH	国投转债	7. 05	8. 51	-1. 46

资料来源：Wind。

小贴士

一些值得关注的细节问题

1. 是否规模更大的转债基金更容易取得超额收益？

从现实情况来看，业绩占优的转债基金的确往往具有更大的规模，但其因果关系可能正好相反——业绩较好的转债基金更容易扩容。然而在规模逐渐扩大之后，转债基金的操作难度其实是显著加大的，这主要是因为转债品种的流动性与正股市场仍有差距，规模太大的转债基金在调仓决策时会更多受制于市场摩擦，从而限制策略空间。

2. 关于机构行为引发估值冲击的特别提示。

在部分极端事件的冲击下，各类机构往往会发生明显的趋同行为，导致转债市场估值发生剧烈变化。一个典型的例子是，当银行等机构大额赎回转债基金时，对应机构将会出现明显的被动减仓，使得各价位转债估值出现明显压缩。反之，当大额申购集中发生，或者大量相对收益型机构集中利用转债品种博取弹性时，转债市场则会出现明显的估值拉伸。

此类由机构行为引发的转债市场估值剧烈变化，我们都建议重点关注，因为此类行为通常并不会持续，由此带来的估值变化也很可能在短时间内修复，从而可以为转债品种的买入和卖出时点提供参考。

七、如何利用机器学习方法构建转债择券模型

（一）为何要在转债研究中尝试引入机器学习方法

除去前文中介绍的常规分析方法，数量化工具同样是转债择券研究中的常用手段，其中机器学习方法在近期备受关注。

关于什么是机器学习方法，可以举一个简单的例子：当初次接触到某只转债新券时，在其发行文件中，如果发现这只新券的正股具有极高的关注度，并且发行规模大、主体信用评级较高，此时我们会下意识地感觉到，这只新券的上市价格大概率不会便宜。例如，此前国内火锅料龙头安井食品的第二期转债——安 20 转债临近上市前，恐怕很少有经验丰富的投研人员会认为其上市时价格会处在较低区间。由此，在新券尚未上市时，便可以在脑中对其上市价格形成一个下意识的判断。这是因为，在长期跟踪新券发行上市的过程中，关于“不同特点新券的上市价格高低”这个问题，我们已经积累了大量经验，并在历史数据的基础上训练出了一套大致预判转债上市价格的经验法则。因此，当我们看到一些代表性信号时（如前文中提到的正股关注度、规模、等级等），便可提前对其上市价格进行预判。

在上述例子中，投研人员经验在预判过程中起到了决定性作用，然而由于人脑的“硬件条件”限制，即便是经验最老到的研究者，在上述判断过程中也很可能会由于主观认知偏差、记忆力限制等方面的掣肘，做出与历史规律并不相符的判断，无法完全发挥历史数据的作用。如果我们能够构建一套行之有效的量化方法，借助计算机强大的运算能力和高度的纪律性、客观性，替代人脑完成这一过程，那么就可以最大程度发挥历史数据的威力，或许能得到比经验丰富的投研人员更为有效的预判结果。而机器学习方法，正是这样一套通过数量化手段构建的方法体系，其思想是利用经验数据对数理模型的判断效力不断进行训练和优化，通过学习算法（learning algorithm）使其“积累经验”，最后推动模型尽可能准确地模仿人脑完成上述判断过程的方法体系。①

如果用机器学习的语言来表达，我们在上述例子中提到的新券信息——正股关注度、规模、等级等通常被称为属性（Attribute）；而这些信息上的取值——正股关注度火热②、募集规模50亿元、主体信用评级AA+等，则通常被称作属性值（Attribute Value）。在前面的例子中，我们观测到的属性信息为：（正股关注度=火热，规模=50亿元，主体信用评级=AA+），这样的一组信息便构成了一个样本（sample）。如果把自己长期以来参与新券价格分析的经验进行汇总，便可以得到大量的经验样本，而这样的一组样本汇总则被称作数据集（Data Set）（见表23）。最后，为了使我们的方法可以用于判别，还需要在数据集中加入重要的结论信息，即每一只新券的实际上市价格——到底是处在高、中还是低区间（例如将100元以下视为低、100~115元视为中等、115元以上视为高）。包括实际上市价格在内的结果数据通常被称作标记（label），加入了标记的样本被称作样例（example）。在这样的一个例子当中，我们便可利用具有上述要素的数据集来对梳理方法进行训练，使其积累经验，完成学习任务。

① 本书中的机器学习方法介绍部分参考文献：周志华．机器学习［M］．北京：清华大学出版社，2016.

② 将一年内在Wind发布的券商研报数目>5篇设置为关注度高，3~5篇设置为关注度中，小于3篇设置为关注度低。

表 23　大量新券属性和上市价格信息可以形成一组数据集

	正股关注度	发行规模	主体信用评级	上市价格水平
1	高	50 亿元	AA+	高
2	低	3 亿元	A+	低
3	一般	12 亿元	AA	中
…	……			

那么，在众多数量化的转债价格分析方法中，为何本书率先选择机器学习方法进行介绍呢？这是因为，我们曾在第五部分“转债定价方法进化史”中提到，由于可转债是一种构成极为复杂的衍生品，简单拆分之下，一只典型的国内市场公募可转债，即是一只信用债与若干美式看涨和看跌期权的集合。在这样的构成下，一方面，基于 B-S 期权定价思想的主流资产定价方法，在国内市场期权定价问题中的适应性存在较大问题；另一方面，各条款的路径依赖特征和相互关联也为转债定价增添了难度。

在传统资产定价方法受到限制的情况下，对研究基本假设更为宽容的机器学习方法成了新的思路。在传统方法认知下，机器学习方法的计算过程较为“黑箱”化，故而在理论和逻辑支撑方面有时会显得缺乏支撑。但对于可转债这样一个复杂的产品，机器学习方法的“黑箱”特性，反而成为能够有效避免方法陷入严苛假定约束的新路径。在国内学术研究方面，Dubrov（2015）和金仁莉（2016）等也已经开启了运用机器学习方法为国内外转债产品进行定价的工作。①

（二）方法介绍：随机森林、XGBoosting 和支持向量机

本节选取三种常见的学习方法，以演示构建机器学习择券体系的思路和流程，分别是随机森林（Random Forest）、XGBoosting 和支持向量

① 本部分所述方法介绍多以《机器学习》（周志华，2016）为参考资料。受篇幅所限，部分公式推导和方法细节未完整呈现，如有需要可参考原资料。Yigitbasioglu A B. Pricing Convertible Bonds with Interest Rate，Equity，Credit and FX Risk［J］. Finance，2002（23）（icma-dp2001-14）：382-384（3）.

机。鉴于篇幅有限，且各种方法的技术细节均有大量的公开资料可参考，因此我们将着重介绍方法的思想和原理，更为具体的推导和编程细节可参考相关资料。

1. 随机森林方法

随机森林方法是一套在决策树方法基础上，基于集成学习思想发展出的方法体系，所以在介绍随机森林方法之前，需要首先对决策树、集成学习方法和 Bagging 的思想等基础方法有所了解。

决策树方法，可以理解为一种依次利用研究目标的多个特征属性，来解决其类别划分问题的方法。该方法中，研究目标的每个特征会在判断过程中形成一个分化的节点，这个节点会依照属性表现的不同，派生出新的节点，而在新的节点上，又可依据下一个特征的表现来进行判断，最后形成一个树形结构的判别决策过程。

以前期转债市场中炒作品种的识别问题为例，对决策树方法的运行原理进行说明。假设在判断一只转债是否可能成为炒作品种时，主要参考指标为：①存量规模是否在 2 亿元以下；②主体信用评级是否在 A+ 或以下；③是否在强赎条件达成后选择不提前赎回。对于目标个券，我们按照上述三个关注点分步骤测试：首先，这只转债的存量规模已经小于 2 亿元；等级方面，其主体信用评级仅为 A+；最后，观察到这只转债在此前触发强赎条件后并没有发布执行提前赎回的公告。基于上述特征做出判断，这只转债是潜在的炒作品种。而在随后几个交易日，该转债的确出现了超过 1000% 的单日换手率，并被交易所认定为异常波动，印证了前期的判断结果。

在上述决策过程中，每一个节点所测试的内容都包含在上一个节点的范围之内，最终引导出“特定个券是否属于潜在炒作品种”的结论，见图 93 所示的树形结构起点叫作根节点，而最终分类结果（图 93 中的椭圆形节点）为叶节点。那么，如何选择每一个节点对应的属性呢？在节点的逐层划分过程中，我们通常希望能够使得每一个节点分裂后的信息增益（Information Gain）最大，即每一个环节的属性测试能够在最大限度上达到标签划分的效果。为了达到这一效果，需要通过数据集不断优化模型的泛化能力，增强其划分样本外案例的能力，这也是每一个节点最优属性选择的常规原则。具体节点选择过程中，主要会运用到信息熵（Information Entropy）的概念，这里不做详细展开。

为了规避过拟合等现象、增强模型对样本外数据的适应性，一般还需要对决策树做剪枝（Pruning）等处理。

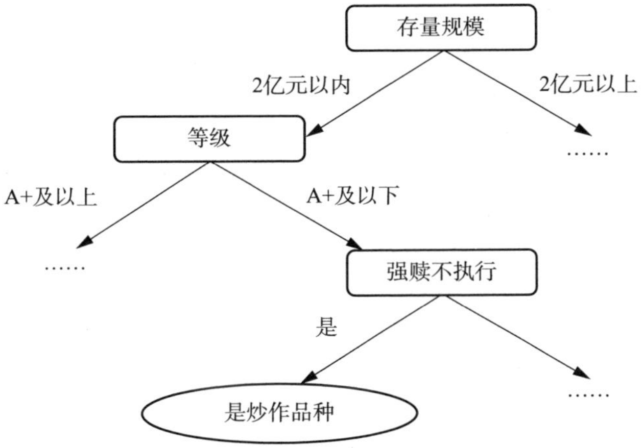

图 93　决策树的生成原理

而随机森林方法，则是利用了集成学习（Ensemble Learning）的思想，在决策树基础上引入了随机属性选择后的一种加强方法。其中，集成学习方法指的是通过建立多个个体学习器，构成结合模块后综合输出决策结果的方法体系（周志华，2016）。在随机森林方法中，个体学习器是决策树，集合后便会形成一个“决策树集成”。

随机森林采用的集成方法是 Bagging（Breiman，1996a①）方法的拓

① Breiman L. Bagging Predictors［J］. Machine Learning，1996，24（2）：123–140.

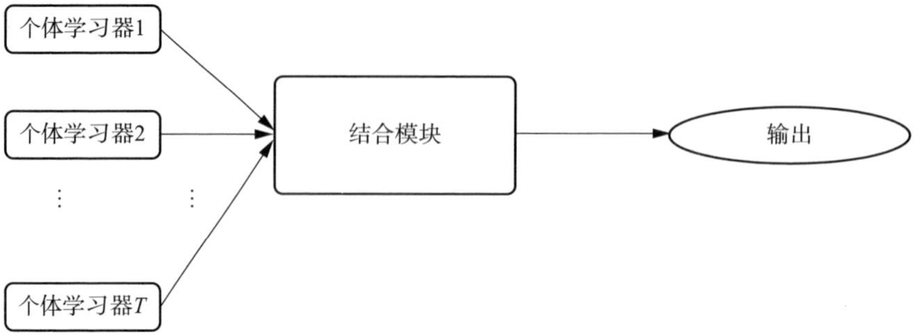

图 94　随机森林的合成原理

资料来源：周志华．机器学习［M］．北京：清华大学出版社，2016.

展。Bagging 方法源自自助采样法（Bootstrap Sampling），其基本思想是：假设有若干个数据集，若在数据集中重复 n 次有放回的抽样，就会得到一个 n 个样本的采样集合（Bootstrap 方法）[①]；将以上过程重复 T 次之后，便可以得到 T 个含有 n 个样本的采样集合样本，用每一组样本分别对个体学习器进行训练，而后再将这些个体学习器进行结合（见图 94）。

具体到随机森林方法上，在对单个决策树进行集合的过程中，随机森林对 Bagging 思想做了些许改动。针对决策树的每个节点，首先从所有属性中随机选择 k 个属性（在炒作券选择的案例中，属性即是规模、等级等要素，这里我们假设属性总共有 n 个），然后从这 k 个属性中选择一个最优属性用于划分。值得注意的是，当 $k=d$ 时，其与决策树的构建方法便趋于一致，我们通常将 k 设置为 $\log_2 n$（Breiman，2001a）。

从经验上看，随机森林方法拓展了 Bagging 方法的多样性，且在计算过程中耗费的资源较少，总体训练效率也优于 Bagging，是集成学习中高效方法的代表。

表 24 中的伪代码展示了随机森林模型在实际运行中的代码编写思路。

---

① 这样的采样集合中可能有部分数据集中的样本未被选中，而另一些则可能会被选中多次。

表 24　随机森林模型的代码编写思路

```
目的：生成 C 个分类器
输入：训练集
过程：
fori = 1 to c 执行
随机放回地从训练集 D 中抽样，产生 D_i
生成一个对应的根节点 N_i，N_i 包含 D_i
叫作分类器（N_i）
end for
建立树（N）
If N 仅包含一个分类 then
return
else
随机从 N 中选择 x%的潜在分割特征
选择具有最高信息增益的分割特征 F 作为分割器，F 有（F_1，…，F_f）种可能出现的值
将 N 生成 f 个子节点，N_1，…，N_f
for i = 1 to f 执行
使 N_i 包含 D_i，D_i 是 N 中所有匹配到 F_i 的样本
叫作分类器（N_i）
end for
end if
输出：C 个分类器
```

2. XGBoosting

Boosting 方法与上一节介绍的随机森林方法一样，属于常见的集成学习方法，其核心是多个弱学习器进行联合后，增强为一个更强的学习器。Boosting 方法的运行原理可简要概括为：首先利用一套初始的训练集训练出一个效力较弱的基础学习器，再对这套基础学习器的效果进行评估，并对其做出错误判断的样本赋予更高的权重，接着对样本进行调整后再训练出下一个基础学习器，如此往复 n 次，最后将这 n 个学习器的判断进行加权结合，得到一个更强的判断效果。

具体来看，为便于理解方法的基本原理，我们选择了经典的 AdaBoosting 方法作为范例，介绍 Boosting 方法的运行流程。在 AdaBoosting 方法中，初始分类器由一组等权的初始样本训练得到。在初始时期，假设训练集样本权重为等权，而在每一次弱学习器得出分类结果后，我们

都将依据结果调整下一次训练集中错判样本的权重，以使得下一轮学习能够尽可能地修复前一次的错误，并再次开始训练，进而得到分类结果，其后相应调整权重，如此往复，（见图 95）。

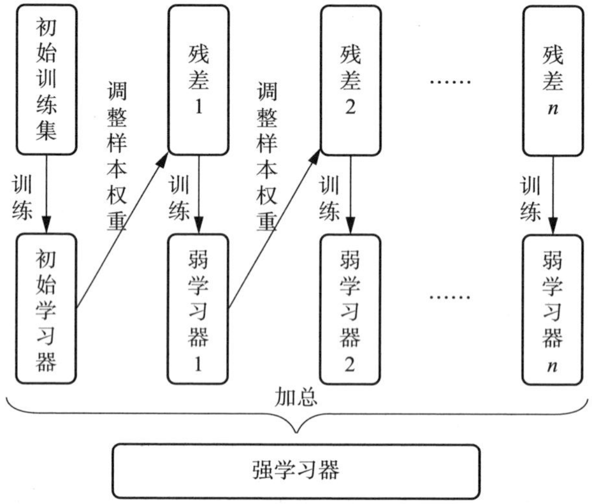

图 95　AdaBoosting 方法的集成思想

相较于经典的 AdaBoosting 方法，本书中实际选用的 XGBoosting（eXtreme Gradient Boosting，极端梯度提升）方法是一种基于 GBDT（Gradient Boosting Decision Tree，梯度提升决策树）的改进方法。原始的 GBDT 算法基于经验损失函数的负梯度来构造新的决策树，在决策树构建完成后再进行“剪枝”。而 XGBoosting 在决策树构建阶段就在损失函数中加入了正则项。在对 XGBoosting 特点进行介绍时，将不可避免地涉及部分公式推导，只关心方法原理的读者可略过这部分。

在 XGBoosting 中，损失函数被设置为：

$$L_t = \sum_i l[y_i F_{t-1}(x_i) + f_t(x_i)] + \Omega(f_t)$$

其中，$F_{t-1}(x_i)$表示现有 $t-1$ 棵树的最优解。正则项定义为：

$$\Omega(f_t) = \gamma T + \frac{1}{2}\lambda \sum_{j=1}^{T} w_j^2$$

其中，T 为叶子节点个数，w_j 表示第 j 个叶子节点的预测值。对该损失函数在 F_{t-1}处进行二阶泰勒展开，由此可推导出：

$$L_t \approx \widetilde{L}_t \sum_{j=1}^{T} \left\{ G^j w_j + \frac{1}{2}(H_j + \lambda) w_j^2 \right\} + \gamma T$$

其中，T 为决策树 f_t 中叶子节点的个数。

$$g_j = \sum_{i \in I_j} \nabla_{F_{t-1}} l[y_i, F_{t-1}(x_i)]$$

$$h_j = \sum_{i \in I_j} \nabla^2_{F_{t-1}} l[y_i, F_{t-1}(x_i)]$$

其中，I_j 表示所有属于叶子节点 j 的样本索引的集合。

假设决策树的结构已知，通过令损失函数相对于 w_j 的导数为 0，可以求出在最小化损失函数的情况下各叶子节点的预测值：

$$w_j^* = -\frac{G_j}{H_j + \lambda}$$

在本部分的回测过程中，我们采用了常用的贪心法来构建出一个次优的树结构，其基本思想是从根节点开始，每次对一个叶子节点进行分裂，针对每一种可能的分裂，根据特定的准则选取最优分裂。

上述算法流程的编程思路见表 25。

表 25　运用贪婪算法寻找分割点的代码思路

输入：训练集 I 和特征维度 d
gain←0
$G \leftarrow \sum_{i \in I} g_i$，$H \leftarrow \sum_{i \in I} h_i$ 过程：
1：for k = 1 to m 执行
2：$G_L \leftarrow 0$，$H_L \leftarrow 0$
3：forj 按照 x_{jk} 排序过后的 I 执行
4：$G_L \leftarrow G_L + g_j$，$H_L + h_j$
5：$G_R \leftarrow G - g_L$，$H - H_L$
6：$score \leftarrow \max\left(score, \frac{G_L^2}{H_L+\lambda} + \frac{G_R^2}{H_R+\lambda} - \frac{G^2}{H+\lambda}\right)$
7：end for
8：end for
输出：具有最大 score 的分割点

相较于前文介绍的随机森林方法，Boosting 是一种在原理上相对更

为简单的集成学习方法。

3. 支持向量机

支持向量机（Support Vector Machine，SVM）方法的基本原理是在样本空间中找到合适的超平面①，将具有不同标签的样本尽可能准确地进行划分。以一个二维特征的简单划分问题为例，假设在一组数据集中，属性有 X_1 和 X_2 两类（分别为坐标轴的横轴和纵轴），而标记则有“圆圈”和“叉”两类。显然在图 96 的例子中，标记为“圆圈”类别的样本集中在右下角，而“叉”类别的样本则主要集中在左上角。

由于上述划分问题是一个属性维度为二维的问题，即选择了两种特征作为推断依据，因此按照支持向量机的思想，需要寻找的划分超平面是一条“2-1=1”维的超平面——一条直线，以尽可能准确地将具有两类标记的样本进行划分。在这个例子中，其实有很多直线都可以完成这样的划分任务，见图 96 中两条实线均可将两类样本进行完美划分。但为了尽可能使得这条直线的划分作用对于后续新加入的样本仍然有效，应该在众多能够完成划分任务的曲线中，寻找处于两类样本“正中间”的那一条，即图 96 中虚线。这样一来，我们选择的划分超平面将在各条曲线中具有最高的宽容性，对于出现在现有两类样本附近的样本外数据，也将有更高的正确判断能力。

那么，如何衡量划分超平面的“中央”概念？仍以前文情景为例，在样本空间中，可将划分超平面表达为一个线性方程：

$$w'x+b=0$$

其中，x 为属性向量，其中的元素即是前文提到的 X_1 和 X_2；w 为权重向量，也称为法向量，决定了超平面的方向；b 是通常意义上的截距项，在这里也叫位移项，决定了超平面与原点之间的距离。

① “超平面”指 n 维欧式空间中维度等于（$n-1$）的线性子空间。在图 X 的例子中，我们讨论的是一个二维空间中的问题，寻找的划分超平面也就是一条一维的直线。

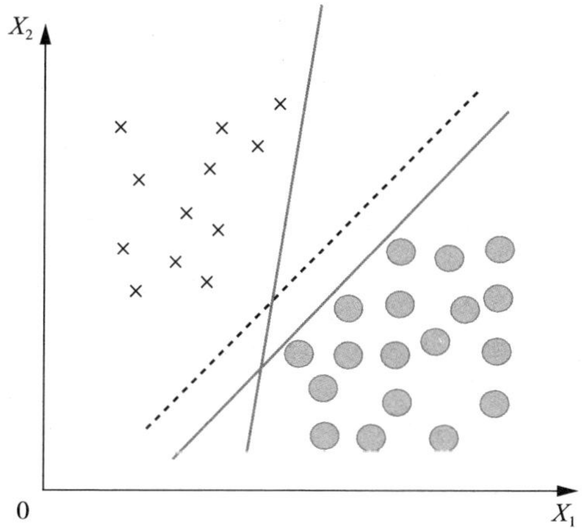

图 96　在支持向量机中，我们希望找到处于两类样本“中央”的划分超平面

资料来源：周志华．机器学习［M］．北京：清华大学出版社，2016.

显然，在确定了法向量 w 以及位移项 b 后，超平面在空间中的位置也就确定了。所以，我们在分类问题中所寻找的其实就是能使超平面具有最佳划分效果的法向量和位移项。

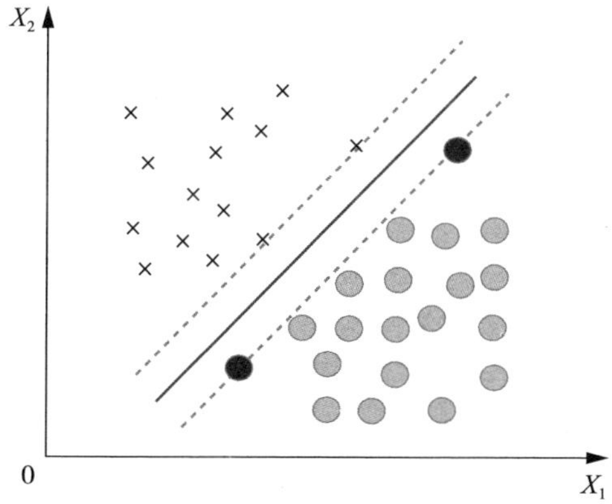

图 97　支持向量与超平面之间的距离为间隔，我们希望寻找到间隔最大的超平面

资料来源：周志华．机器学习［M］．北京：清华大学出版社，2016.

如果找到的划分超平面能将所有的训练样本进行正确分类，那么距离这个超平面最近的几个样本（即图 97 中虚线穿过的样本点）则被称为支持向量（Support Vector）。而穿过两类样本的支持向量，与超平面平行的虚线与超平面之间的距离，被称为间隔（Margin）。为了尽可能减少意外情况的出现，一个理想的超平面所对应的间隔应该尽可能地宽。这样一来，前文所述希望找到处于两类样本“正中间”的划分超平面，也就转化为寻找得到最大间隔（Maximum Margin）的划分超平面。

由此，超平面的搜寻问题也就转化为一个约束条件（使所有类别都能正确划分的 w 和 b）下的间隔最大化问题。若用公式表示，上述最大化问题即可以由最大化间隔问题转化为最小化 w 的模长，因为按照欧式空间的距离计算公式，w 的模长即是支持向量到超平面距离的分母，而在 y 为正负 1 的划分问题中，由于分子为常数，所以最大化间隔的优化问题也可以表示为最小化 w 模长的问题（这也被称作支持向量机的基本型）：

$$\min_{w,b}\frac{1}{2}\|w\|^2$$

$$\text{s.t. } y_i(w^Tx_i+b)\geqslant 1,\ i=1,\ 2,\ \cdots,\ m$$

上式是一个凸二次规划问题，计算中常选择拉格朗日乘子法得到该规划问题的对偶问题。上述问题的格拉朗日函数可表示为：

$$L(w,\ b,\ \alpha)=\frac{1}{2}||w||^2+\sum_{i=1}^{m}\alpha_i[1-y_i(w^Tx_i+b)]$$

其中，α_i 为拉格朗日乘子。分别对 w 和 b 求偏导即可得到上述问题的对偶问题，之后转化为对 α 的求解：

$$\max_{\alpha}\sum_{i=1}^{m}\alpha_i-\frac{1}{2}\sum_{i=1}^{m}\sum_{j=1}^{m}\alpha_i\alpha_jy_iy_jx_i^Tx_j$$

$$\text{s.t. }\sum_{i=1}^{m}\alpha_iy_i=0$$

$$\alpha_i\geqslant 0,\ i=1,\ 2,\ \cdots,\ m$$

前文的例子中，我们用一个二维问题展示了支持向量机的基本原理，但显然范例中划分问题的难度很低，因为两类样本的分布都非常集中，可以轻易地利用直线进行分割。那么，对于各类样本在空间中相互交叉的场景，是否能够找到理想的低维超平面来对样本进行有效划分？

这里，我们通常需要将现有二维空间上的样本投射到更高维度空间。在图 98 所示的例子中，当面临一个两类样本无法用直线分隔的问题时，可以将二维样本投射到三维空间上，而在这个三维空间中，便可找到一个适当的“3-1=2”维超平面对两类样本进行有效分隔，再将超平面映射回二维空间，即可得到一条可以划分两类样本的曲线。事实上，只要划分问题的属性是有限维数的，便一定存在一个更高维度的特征空间，使得不同类型的样本可以用“$n-1$”维超平面进行划分。

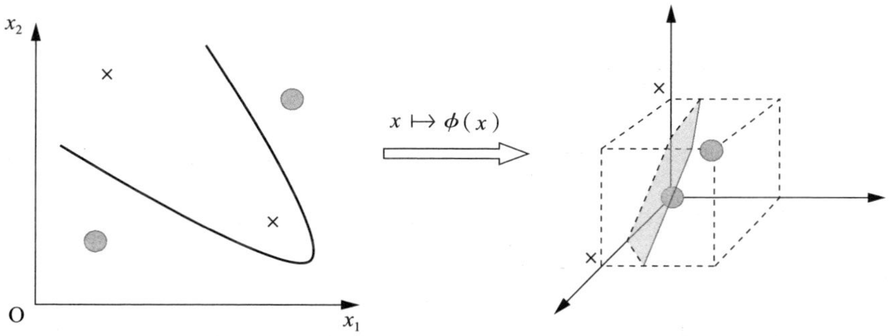

图 98　可以将样本投射到更高维度空间，寻找到划分超平面

资料来源：周志华．机器学习［M］．北京：清华大学出版社，2016.

图 98 中的 $\Phi(x)$ 表示将 x 映射到高维空间时的特征向量。在后续求解过程中，需涉及特征向量内积运算，而当特征空间维数较高时，这一计算将十分复杂，因此计算过程中时常需要引入著名的核函数进行计算。后续较为繁杂的计算步骤本书暂不讨论，感兴趣的读者可参考相关引用书目。

总结来看，支持向量机的思想就是在各类样本空间中，利用各种手段寻找能够有效将其划分的超平面，在得到划分超平面之后，对于新的样本，便可通过定位其与划分超平面的相对位置来对其所属类别进行判断。

支持向量机在具体实践中的编程思路见表 26 所示（实际运算中，许多常见语言都会有预先制作好的程序包可以调用）。

表 26　支持向量机模型算法

输入：训练集 X 和相应标签 y，$\alpha \leftarrow 0$
过程：
1：重复
2：for all $\{x_i, y_i\}$，$\{x_j, y_j\}$ 执行：
3：优化 α_i 和 α_j
4：end for
5：Until α 不发生改变或其他限制条件已被满足
输出：支持向量（$\alpha_i>0$）

（三）回测流程介绍

本节将对前文所述的随机森林、XGBoosting 和支持向量机三种方法进行实际演示，展示如何利用三种机器学习方法构建一个月度换仓的转债择券策略。

总体来看，测试流程为：数据收集—数据清洗—特征提取—标签构建—拆分训练集和测试集—样本内训练和交叉验证调参—样本外预测—结果分析。

我们构建策略的思路是：首先利用一年的个券面板数据对机器学习模型进行训练，在训练期末尾使用训练出的模型挑选出最优机会，在一个月内等权买入取得正向收益的个券作为当期持有组合，并持有一个月。在持有期末尾，运用当天前推一个测试期的数据再次对模型进行运算，并在当天得到更新后的持仓组合，如此往复，得到一个月度换仓的滚动回测结果（见图99）。

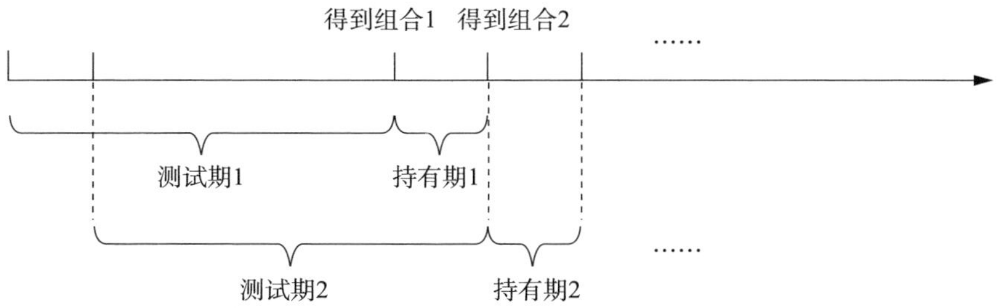

图99　滚动回测的思路演示

数据方面，选择的测试区间为：2017年1月1日至2020年5月15日。

测试中，选用了部分常用的转债行情数据作为转债的属性，分别包括：各交易日收盘价、纯债价值、转股溢价率、主体信用评级、债券余额以及成交量。①

在确定属性数据后，按照如下原则对数据进行清洗，尽可能保证数据质量和个券流动性，并剔除炒作品种的影响：

删除对应成交量为0的数据。

删除数据长度小于30的债券。

删除A+及以下的债券。

删除存量规模小于1.5亿元的债券。

删除前20日平均成交量在500万股以下的债券。

标签方面，标签设置为“过去一个月中，转债价格是否出现上涨”，将过去一个月中价格出现上涨的样本标签标记为1，没有上涨的标记为0。

接下来，按照如下流程对训练集和测试集进行拆分：

① 对于主体信用评级这一非数值变量，我们将主体评级按AAA、AA+、AA、A+的顺序分别替换为3、2、1、0。

有效数据集：考虑到随机森林模型、SVM 模型对缺失值的敏感性和不稳定性，删除所有含缺失值的数据。叠加对每日可用转债样本量的考虑，最终选取的有效数据集为：2018 年 6 月 15 日至 2020 年 5 月 15 日，共 23 个月。

训练集：选取 2018 年 6 月 15 日至 2019 年 6 月 15 日长度为一年的数据作为第一个训练集，之后采用窗口滚动式方法，每次向后移动一个月作为新的训练集，直至 2020 年 4 月 15 日，共计 10 个训练集。

测试集：只选取每个训练集后的一个交易日作为测试集，共计 10 个测试集。

在样本内测试环节，处理方法为：分别使用随机森林模型、XG-Boosting 模型、支持向量机模型（SVM）对训练集进行训练。考虑到将回测区间按月度划分为 10 个子区间，因此需要对每个子区间的不同训练集进行重复训练。在每个训练集内（样本内）进行 5 折交叉验证，选取交叉验证集 AUC 最好的一组参数作为模型的最优参数，用以预测对应的测试集标签。

在具体样本外测方面，处理方法为：确定最优参数后，以对应测试集特征作为模型的输入，可以得到各只转债超过收益率中位数的预测概率；等量买入预测概率前十名的转债，持有一个月；次月通过下一个滚动模型的预测概率，选择换仓。

在回测模型运行完毕后，将综合考虑各择券模型的累计收益率、AUC（Area Under the Curve，用于测度模型的预测准确程度）和运算时间等指标，对模型效果进行判断。

（四）结果分析

从累计收益率来看，在样本测试区间中，随机森林方法和 XGBoosting 方法有着相对较好的表现，其中随机森林方法在运算效率上具有明显的优势。

从三种策略在回测中的累计收益率看，随机森林、XGBoosting 和支持向量机在样本测试区间均得到了超过中证转债指数的累计收益率。其中，随机森林方法择券表现最为稳定，XGBoosting 方法则在样本观测时期内得到了最高的累计收益率。

具体来看，经随机森林方法筛选的转债组合，自回测开始累计收益率始终处于中证转债指数累计收益率上方，即筛选出的组合可稳定地较中证转债指数取得累计正向收益，测试区间内策略累计收益率也接近 30%。需要注意的是，在 2019 年末到 2020 年初，该策略也曾出现过超过 5%的回撤。因此，即便是模型回测结果表现相对稳定，仍需注意回撤风险（见图 100）。

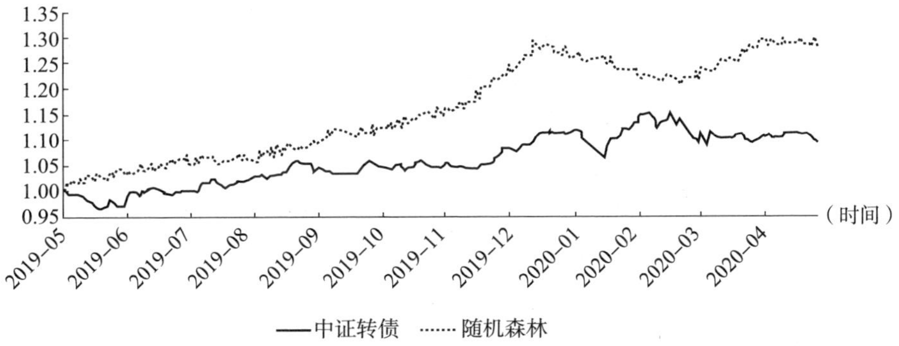

图 100　随机森林策略在样本区间内取得了持续超过中证转债指数的累计收益

资料来源：Wind。

XGBoosting 方法构建的组合在样本回测区间取得了超过 30%的累计收益率，是三种方法中累计收益最高的。但需要注意的是，相较于随机森林方法，XGBoosting 方法在样本测试区间前段并未取得稳定超过中证转债指数的收益水平，回测区间内的高累计收益率主要源于策略在进入 2020 年后的优异表现（见图 101）。

而 SVM 方法则在较长时间内未能取得胜过中证转债指数的收益水

平，且累计收益率也是三种方法中最低的（见图 102）。

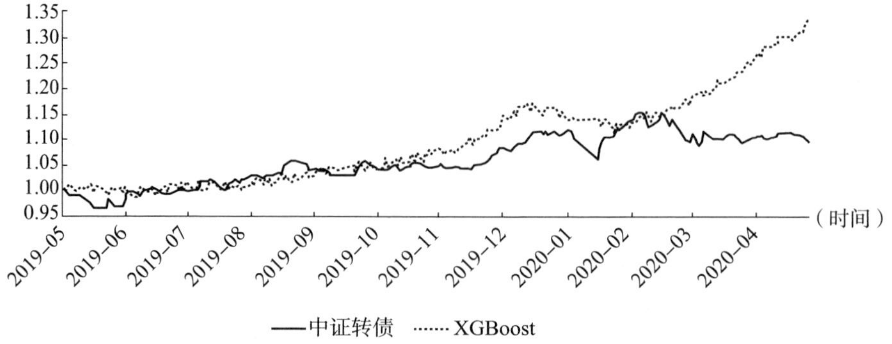

图 101　XGBoosting 在样本测试区间内取得了最高的累计收益率

资料来源：Wind。

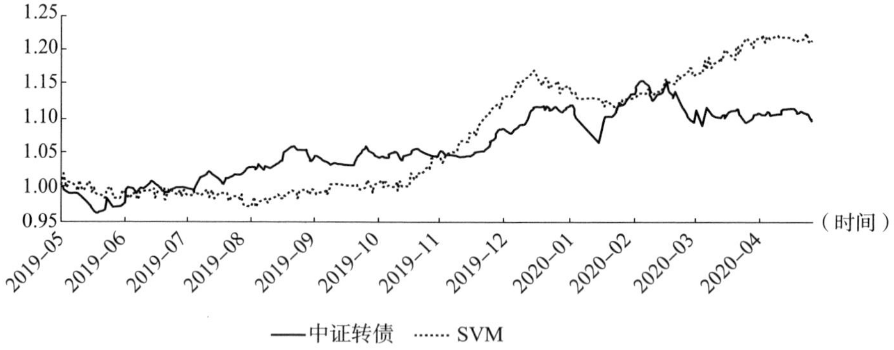

图 102　SVM 择券策略的表现略逊于随机森林和 XGBoosting

资料来源：Wind。

在运行时间方面，随机森林方法具有明显的计算效率优势，同样的回测计算，运用随机森林方法仅需 24. 31 秒，而 XGBoosting[①] 和 SVM 方法则分别耗时 38. 41 秒和 34. 63 秒，虽然总体时间均不长，但随着模型的不断细化，这样的耗时差距会在实际量化投资过程中带来很大差异。

而在预测准确度方面，三种方法在样本回测区间内的 AUC 均处在

① 实际模型中，可利用并行等技术手段提升 XGBoosting 等方法的运算效率。

0.9 左右的水平（见表 27）。

表 27　随机森林和 XGBoosting 方法的回测结果相对占优

	随机森林	XGBoosting	SVM
运行时间（秒）	24.31	38.41	34.62
AUC	0.9083	0.9124	0.8991
累计收益率（%）	28.26	33.09	21.20

资料来源：Wind、广发证券发展研究中心。

总体来看，在本节的结果演示中，基于机器学习技术构建的择券模型都表现出了超过中证转债指数的累计收益，其中随机森林方法在稳定性和运算效率方面占据显著优势，XGBoosting 在累计收益水平和判断准确率方面占优，而 SVM 模型的表现则略逊于随机森林和 XGBoosting。仍需提醒的是，本节中的模型回测旨在演示，在量化策略的不断完善中，三种模型的效果也可能随着变量选择的完备和运算细节的细化而出现改变。

小贴士

一些值得关注的拓展思路

1. 除去机器学习外，我们是否可以采用其他方法来展开类似研究？

可以。在本部分中，我们采用机器学习方法进行了策略构建演示，而“判断个券未来是否可能上涨”本质上则是一个二元选择问题，利用个券信息对个券未来的 0、1 状态进行预判，因此理论上传统的微观计量模型，例如 Logistic 回归、Probit 回归等模型也可做类似的策略尝试，并且这些模型可能在运算策略上会具备一定优势。

2. 我们可否直接套用正股量化策略来进行转债回测?

二者本质上思路类似，但在编写程序时需要注意一些重要区别。例如，正股策略通常都假设个股是持续上市交易的，因此策略代码中往往不涉及正股样本更换问题，而转债价格运行规律虽然和正股类似，但由于其间涉及大量的新券加入和老券退出，并且在存续期中还可能出现强赎等会明显对价格造成冲击的事件，因此在程序编写时也需要注意二者差异。

3. 换仓周期可否考虑替换为周频或者日频?

谨慎考虑。受限于转债品种的流动性，过短的换仓周期可能会大大增加策略在换仓过程中受到的摩擦，从而限制策略空间。

八、转债市场策略汇总：从基础到进阶

在第一部分中，我们曾对低价配置策略等转债市场的常用参与策略，以及择券思路进行简要介绍，本章将对国内市场的主要参与策略进行更为详尽的整理和归纳。

总体来看，本部分涉及的策略可归纳为三类：作为常规参与手段的基础策略、博取局部收益的细节策略，以及尚无法完全在国内市场实施的海外策略。需要说明的是，对于时常出现在转债基金投资策略说明中的转股策略等，由于其更多涉及的是对于个券在特定情况下的理性选择，而非传统意义上用于套利或博取收益的投资策略，故本书中暂未提及。

（一）基础策略——行走转债市场的常规武器

1. 依托正股收益的方向性策略

挑选优质个券，买入后博取其价格上涨带来的资本利得，是目前转债市场中运用最广泛的策略。对于转债这样一种复杂的衍生品，方向性策略其实并未运用其各类期权特性进行对冲等操作，而是更加接近权益品种的参与思路，主要收益来自正股行情带动的转债价格变化。对于这样的策略，套用期权、期货等常见衍生品中的定义，将其称为方向性策略。

这一部分将主要介绍价格受正股驱动较为明显的品种，即针对偏股型品种的方向性策略，而偏债型品种的相关策略将在随后的低价配置和条款博弈等策略部分进行介绍。

在参与方向性策略时，其收益主要受两方面变量影响：一是转债平价的变化；二是转股溢价率的变化。上述两部分变化共同构成了转债价格的变化，其中平价部分的研究重点是正股的趋势研判，转股溢价率部分的研究重点则是转债市场预期、个券之间对比，以及转债自身价格和估值结构是否合理（见图 103）。

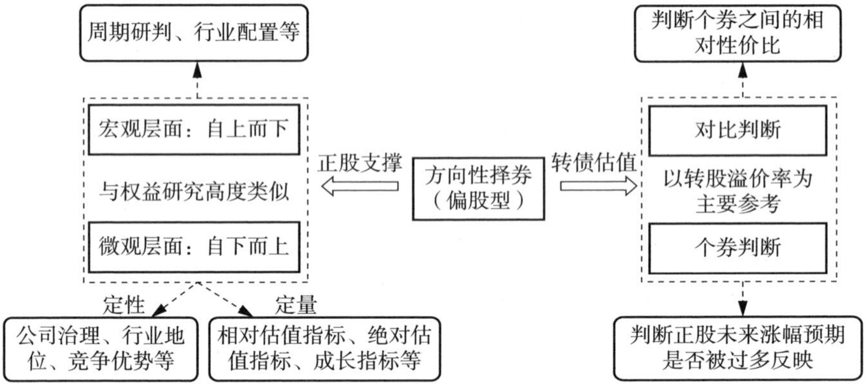

图 103　影响偏股型转债选择的因素

平价方面，由于转股比例在发行时即已确定，除非出现主动下修（分红派息等带来的被动下修对平价影响不大），否则转债的平价变化将与其正股价格等比例变动。而基于平价的转债个券的筛选原则，也与权益类证券的研究方法基本一致。具体来看，自上而下视角的周期研判、行业配置等均是需要关注的重点。而从自下而上的视角出发，定量层面的成长性指标、相对估值指标、绝对估值指标等，以及定性层面的公司治理、行业地位、竞争优势等，均是择券过程中关注的重点。

相对于权益品种的选股研究，转股溢价率研究则更多体现了转债自身的特点。作为国内转债市场中应用最广泛的估值指标之一，转股溢价率很大程度上决定了转债个券的参与价值。

在方向性策略的择券过程中，转股溢价率会在相对和绝对两个层面为个券的参与价值提供参考。例如，在相对层面，两只平价接近且预计短期内上涨趋势相似的转债，若转股溢价率存在显著差异，那么估值较低的转债将具有更高的“性价比”，因为其价格中提前反映的未来正股涨幅较小，当正股出现同等幅度上涨后，其转债价格得到的向上支撑效应将更为明显。在绝对层面，对于单只转债，转股溢价率指标同样能发挥作用。当转债处在绝对价格和转股溢价率“双高”状态时，除非对其正股涨幅有非常乐观的预期，否则可能需要谨慎对待，这是因为在“双高”状态下，转债价格已经提前反映了大量正股上涨的预期，未来正股上涨对转债价格的驱动受限；反之若正股出现回调，影响市场预期，则可能遭受平价和溢价率“双杀”的大幅调整。

另一个需要注意的价格和估值结构是，对于已经进入转股期的品种，若平价和 130 元仍有较大差距，但绝对价格已明显超过 130 元（往往伴随着较高的转股溢价率），则建议谨慎参与。对于这样的个券，即便是后续平价上行至超过 130 元的强赎触发线，并达到此前的绝对价格水平，此时转股溢价率理论上也将收敛至 0，意味着其间的正股涨幅将完全被转债估值吸收，并不会反映到转债价格变化上。

对比平价和转股溢价率两方面因素，平价驱动在方向性策略择券过程中的重要性相对更高，一般在确认正股预期向好的前提下，结合转股溢价率进一步确认其参与价值。

对于依托平价和转股溢价率两方面进行的个券挑选，以此前市场关注度较高的“歌尔转 2”作为范例进行说明。其正股“歌尔股份”具有较高的市场关注度，从正股层面出发，“歌尔转 2”得到的支撑力度较强。而从估值角度看，随着平价上行，“歌尔转 2”上市约两周后转股溢价率收敛至 0 附近，在这样的估值水平下，转债价格后期几乎可以享有和正股同步的涨幅，并且当 8 月初正股出现回调时，转债层面也会率先表现为估值拉伸（可理解为反映市场对于正股反弹的预期），从而使得转债价格的调整幅度明显更小。综上，在正股支撑和较低的估值水平双重支撑下，“歌尔转 2”上市后迎来了较为明显的上涨（见图 104）。

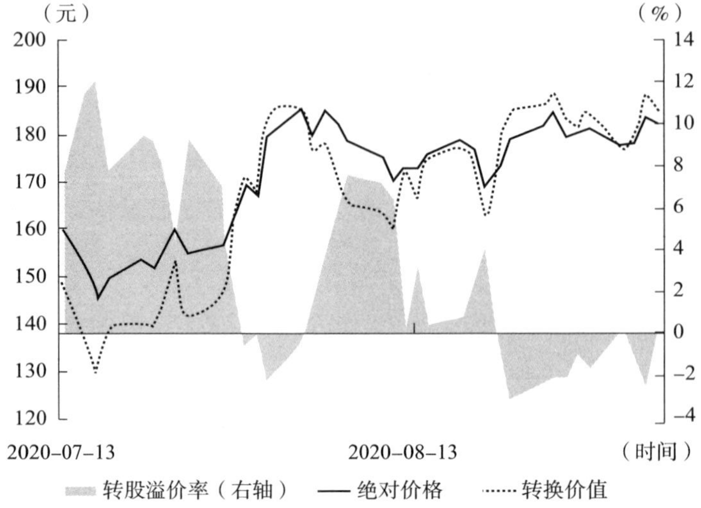

图 104　低估值下，“歌尔转 2”的正股支撑效应明显

资料来源：Wind。

而在另一个案例中，则可清晰地看到过高的转股溢价率所带来的负面影响。2019 年末发行的先导转债，在 2020 年 1 月上市之后，价格便一直处在价格和估值的“双高”状态。在发行后不久的新券阶段，先导转债尚能在较高的溢价率水平下得到来自正股上行的支撑，然而进入转股期后，先导转债持续的“双高”状态便为其参与价值带来了明显的负面影响。长期以来，先导转债的绝对价格均维持在 140 元左右的高位，其平价则长期处在 120 元以下的位置，并同时伴随着超过 10% 的转股溢价率。在这样的价格结构下，即便是正股后续出现明显涨幅，带动转债平价达到与当前绝对价格相近的水平，正股涨幅也会被转股溢价率大量消耗。实际上，该现象曾经在 2020 年 7 月末至 8 月初实际出现过（见图 105 虚线框部分）。因此，虽然当正股短期内大幅上涨，且幅度足以抵消转股溢价率的负面作用时，转债价格仍有机会出现上涨，但从性价比角度出发，先导转债的估值因素还是导致其参与价值大幅下降。

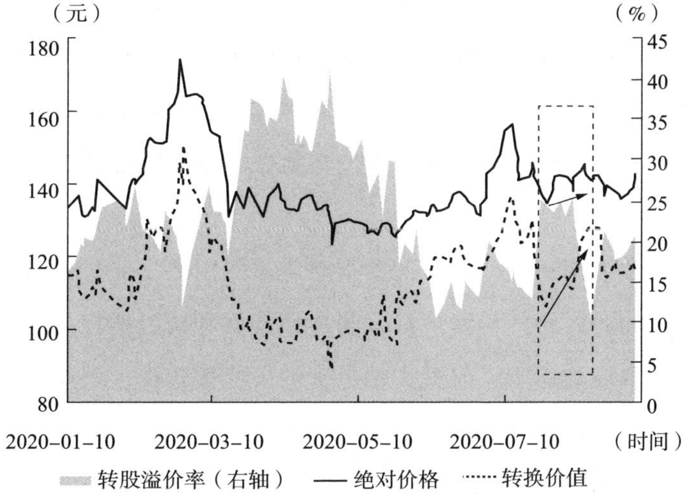

图 105 “双高”的价格结构对先导转债的参与价值造成影响

资料来源：Wind。

此外，除去前文中提及的正股及估值因素外，一些细节因素同样会对择券结果产生影响。例如，流动性时常会成为个券选择的重要考虑因素，这是因为目前国内转债市场交易摩擦较大，成交活跃度较低的品种在配置和卖出过程中都将受到一定限制；其他方面，等级、规模等因素同样可能成为择券过程中需要考虑的因素，如进入 2020 年后，等级在 A+及以下，同时存量规模较小（如 1.5 亿元以下）的品种，存在成为炒作券的风险。

最后需要提醒的是，2020 年 3 月以来兴起的炒作性交易，广义上也属于方向性策略的一种极端情况。但较前文中提到的偏向基本面的个券挑选策略，二者收益来源存在根本区别，炒作交易的价格变化也往往脱离正股基本面甚至是正股价格，其回撤风险也大大高于其他品种，机构投资者在挑选个券时建议尽可能回避。

2. 充分发挥转债品种优势的低价配置策略

相较基于正股的方向性策略，低价配置策略能够在更大程度上发挥转债品种的自身特性。低价配置策略的基本原理是，当正股价格处在较低位置时，在债底保护的作用下，即便正股出现进一步回调，转债价格也会由纯债价值进行托底，转债价格并不会随之大幅下行；而当正股后续出现较大幅度反弹时，转债价格则可能会在正股的带动下来到更高的价格区间。

与方向性策略相反，低价配置策略挑选的标的主要是价格较低的偏债型品种。此时，转债价格可拆分为纯债价值和转股期权两部分，其中纯债价值通常较为稳定，出现大幅上涨的可能性较小，因此策略收益的来源主要是转股期权部分的贡献。①

参考 B-S 期权定价理论，转债的期权价值与其波动率呈正相关关系，因此从理论角度看，转债低价配置策略的收益很大程度上源于正股后续波动率的放大。从逻辑角度出发，这样的收益来源同样很好理解：正股波动率的大小即为其价格出现涨跌时的变动幅度，对于已触发债底保护的转债，当正股价格进一步下行时，无论幅度是大是小，其对转债市场价格的影响均不大；当正股价格上行时，低波动正股的价格变化很难对转债价格产生明显影响，而高波动正股的涨幅则有望推动转债平价迅速上行至超过债底的水平，从而带动转债价格上行。

参与低价配置策略的最大优势在于，能够在回撤幅度相对可控的情况下，博取未来正股上行所带来的收益。同时，对历史上所有完成生命周期的转债进行梳理发现，截至 2020 年末，高达 97%的个券均以转股方式结束（见图 106），且大量个券从发行至摘牌甚至不足 2 年，而触发强赎转股条件通常需要正股持续上行至 130 元以上，对于低价配置品

---

① 低价配置策略还有另一个重要的收益来源，即转股价的主动下修。对于这一点，我们将在随后章节中单独说明。

种来说，意味着未来转债价格也有很大希望迎来可观的涨幅。此外，对于回报时间要求较为宽松的机构而言，低价配置策略的适用性也相对较强。

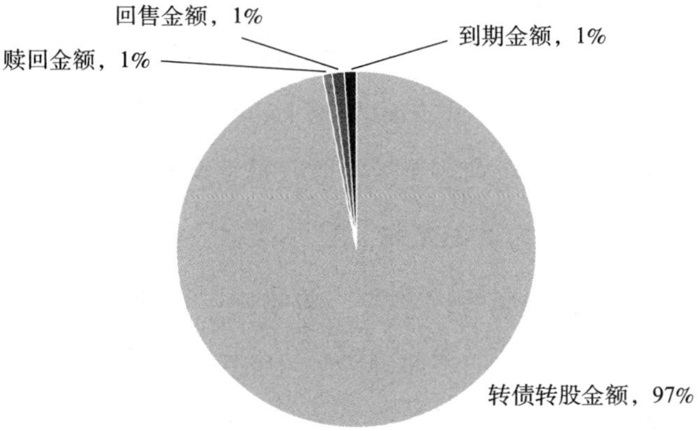

图 106　历史上所有的公募转债品种，绝大多数以转股方式结束了生命周期

资料来源：Wind。

总结上述策略特点，理想的低价配置品种需满足如下条件：

（1）转债的违约风险较低。坚实的债底是支持策略低回撤的根本，如转债暴露出信用风险，其价格也很可能会跌破债底，导致策略的低回撤优势失效，并可能进一步面临实际违约的风险。①

（2）转债的绝对价格接近债底。在信用风险相对可控的前提下，转债的绝对价格接近债底，意味着其价格下行的空间和概率均较小，有望在较低的回撤风险下博取后续收益。

（3）正股处于弹性较大的行业，或后续存在波动放大的潜在可能。如前文所述，正股波动较大的偏债型转债具有更大的机会将转债价格带离较低的价格区间，并且在债底保护效应下，即便正股价格进一步下

① 值得一提的是，虽然历史上公募转债品种从未发生过实际违约，但随着市场不断扩容，许多资质相对较差的主体也纷纷发行转债，2020 年市场中已发生实际触发违约风险的案例，如辉丰转债等，因此对违约风险仍然需要予以重视。

行，转债价格所受到的影响也相对有限。

此外，发行公司的促转股意愿、下修意愿等主观因素也会对低价配置品种的参与价值带来一定影响，不过从历史经验看，此类因素往往很难通过案头研究进行有效判断。

最后需要注意的是，低价配置策略在转债市场的低估值环境下往往更能发挥作用。这是因为在高估值环境下，转债绝对价格与债底之间的距离往往也相对更高，进而影响策略的收益空间和回撤幅度。

3. 值得持续关注的打新策略

个券打新是转债市场的“常驻”策略之一。狭义的打新策略指在转债新券发行时以 100 元的票面价值参与申购，待其上市后于二级市场卖出，博取价差收益；广义的打新策略指的则是参与转债新券的申购，但并不一定在上市初期就将其卖出。后文中提到的“打新收益”主要指狭义打新策略的收益。

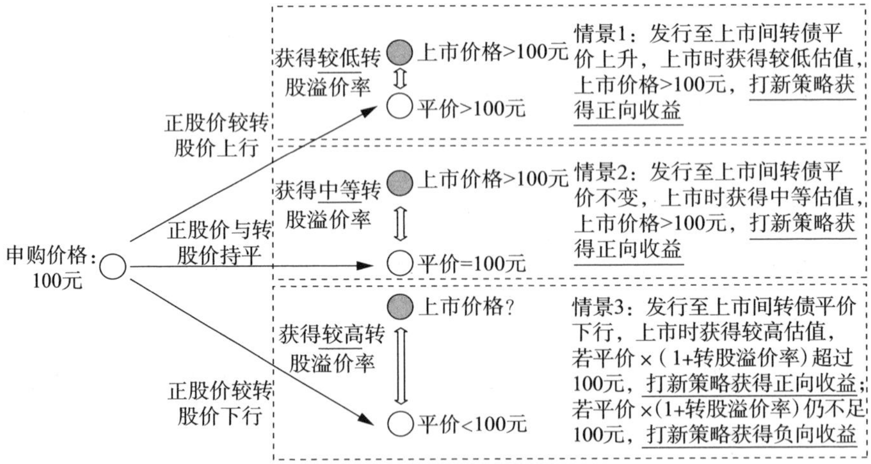

图 107　参与转债打新可能的结果

本书第三部分“一只新券的诞生之路”中，曾详细介绍了转债打新策略的收益来源（见图 107）。简单总结来看，由于转股溢价率的存在，以 100 元参与转债新券申购之后，除非上市前正股价格出现较大幅度下跌，且叠加较高的转股溢价率后转债价格仍在 100 元以下，否则绝大多数情况下参与打新均可获得较高的胜率。

同时，自 2017 年转债市场扩容以来，若正股并未处于类似 2018 年的持续熊市状态，参与打新通常都将获得较高的胜率（见图 108）。事实上，自 2019 年 11 月发行的迪贝转债之后，截至 2020 年 12 月 21 日，市场中所有新券的上市价格均高于 100 元的申购价格。

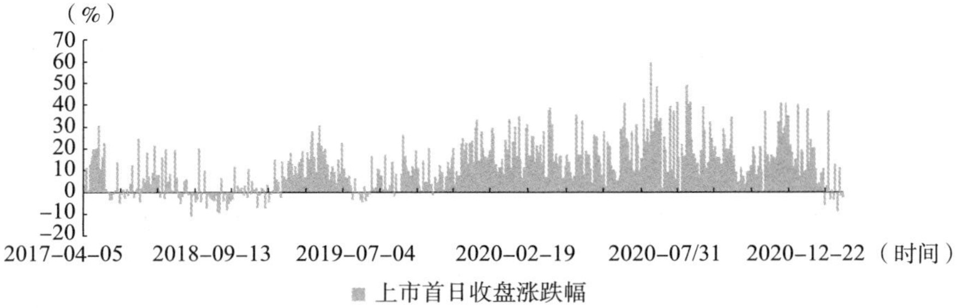

图 108　除熊市时期外，打新策略均有较大机会取得正向收益

资料来源：Wind。

不过，参与转债打新策略的一个矛盾点在于，对机构投资者而言，如果其并无正股持仓且无法参与优先配售，那么参与有效打新的途径将在很大程度上依赖网下渠道，但在打新收益机会较大、市场参与度较高的时期，新券设置网下申购途径的比例会出现明显下降。

一般来说，转债是否设置网下申购渠道主要取决于承销商的意愿。如转债发行过程中未被足额认购或认购后未缴款，剩余额度都需要由承销商包销，故当转债申购遇冷时，承销商将面临很大的包销风险。因此，在市场打新热度不高时，承销商倾向于同时开启网上和网下申购渠道，以确保有充足的资金参与申购，毕竟网下渠道的申购量通常远超网上；当市场申购热度较高时，若网上申购金额已达到足额申购要求，承销商则可能选择不再设置处理流程较为烦琐的网下申购渠道，或通过调低允许申购上限等方式间接降低网下申购的参与热度。

2019年初，市场在经历2018年的低迷行情之后，对于转债新券的申购热情尚未完全恢复，此时恰逢权益市场行情回暖，前期大量积压的转债预案于2019年初集中发行，故绝大多数新券（特别是规模较大品种）均设置了网下申购渠道。至2019年末，在转债市场整体高估值的环境下，参与打新的“安全垫”较高，新券申购热度持续高涨，单账户平均申购金额也接近上限。对于承销商而言，即便是规模较大的新券（如“东财转2”），其包销风险也相对较低。因此，2019年末至今，新发转债纷纷取消网下申购渠道（见图109），仅杭银转债等少数新券设置了网下渠道。

网下渠道的缺失给机构打新带来了矛盾：当新券申购的获益机会较高时，市场打新热度也随之提升，导致新券发行时设置网下渠道的意愿下降，机构也就无法通过常规渠道顺利申购。

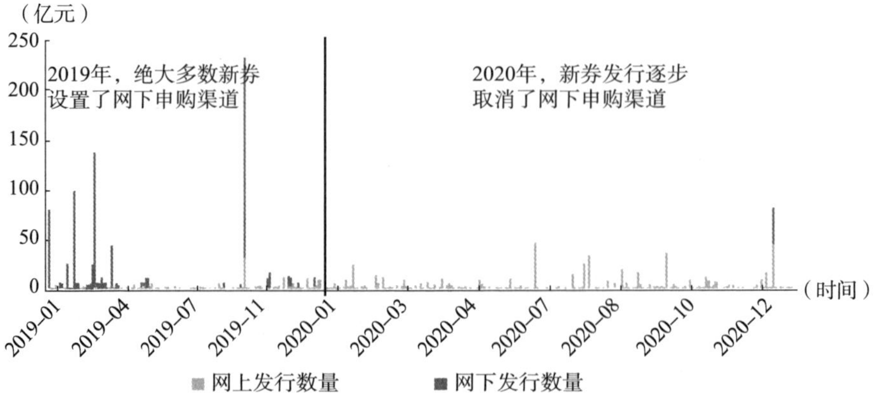

图109　2019年末至2020年末，新发转债逐渐取消了网下申购渠道

资料来源：Wind。

在网下申购渠道大面积关闭的情况下，通常还有两种间接参与新券申购的方法：①提前对正股进行配置（在原股东优先配售股权登记日前)，以获得优先配售权，这一策略常被称作“抢权”；②提前与拥有优先配售权的原股东商议大宗交易，但该渠道的配置价格往往高于 100 元的发行价，且不同个券实际情况差异较大，参与配置的标准化和规范化也很难得到保证，故对于部分机构而言，将此作为常规配置手段的难度较大。

最后，如果上述两渠道仍无法参与，那么对于新券的配置则可能需要后移到转债上市后的二级市场进行。

（二）局部策略——值得留意的细节机会

除上述几类可大规模参与的基础策略外，转债市场中也存在一些容量相对较小的局部策略，特定条件下也能博取相应的收益。其中，最为常用的局部策略包括负溢价套利策略和条款博弈策略两种。

1. 负溢价套利策略

当转股溢价率为负时，转债的平价将大于其绝对价格，此时选择转股将获得比市场价格更高的价值，理论上可在买入转债后立即转股卖出，进行套利。不过在当前的国内市场交易规则下，行使转股权（T 日）后，转换而得的股票需要在 T+1 日才能卖出，因此该策略与狭义上的“套利”存在一定差异，仍需承担正股在 T 日和 T+1 日之间的价格波动风险。同时，由于国内公募转债通常需要在发行 6 个月，即进入转股期后才能行使转股权，故该策略的使用情景分为两种情况：转股期内的负溢价转股套利，以及进入转股期前的预判性参与机会（见图 110）。

对于进入转股期的品种，负溢价通常反映了市场对正股后续回落的预期（包括一些事件性冲击的影响），并且也时常出现于即将触发赎回或已公告赎回后，转股溢价率收敛至 0 附近波动的情况。对于转股期内的转债，负溢价套利一般有两种参与思路。

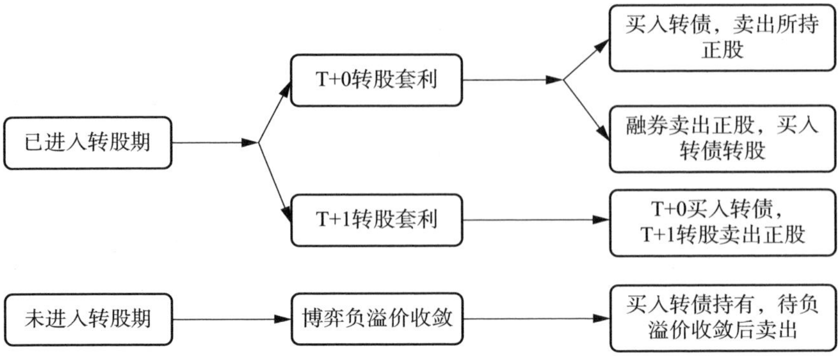

图 110　负溢价套利策略

（1）“T+1”转股套利。

“T+1”负溢价套利采用的其实就是前文提到的买入负溢价转债后执行转股权，并在第二个交易日卖出的策略，只要 T+1 日正股不出现超过 T 日负溢价幅度的回调，该策略就能取得正向收益。但如果正股价格在第二个交易日出现较大幅度调整，那么参与策略则可能面临收益压缩甚至亏损。另需注意的是，如 T 日转债的负溢价程度较深，将驱使投资者大量参与转股套利，进而在 T+1 日对正股产生较大抛压。此外，如 T+1 日转债的绝对价格上行幅度超过正股，也会给投资者带来机会成本。

（2）“T+0”转股套利。

对于已持有正股的投资者而言，还有一个安全性更高的负溢价套利途径，即在负溢价出现时买入转债并申请转股，同时卖出所持正股。此外，如果参与者具备融资融券条件，也可以采用融券卖出正股后买入转债并转股还券的方式进行套利。相较于“T+1”转股套利模式，“T+0”转股套利方式成本较为可控，易于锁定收益，更符合传统意义上“套利”策略的定义，但参与时要求投资者满足特定的条件。

值得一提的是，转股期内的转债品种一旦出现较大幅度的负溢价，上述两种套利行为将迅速修正负溢价空间。也正因如此，对于已进入转股期的品种，幅度较深的负溢价机会大多出现在关注度较低、估值修复速度相对较慢的品种中，或是出现在受重大事件冲击的个券中。

对于进入转股期前的品种，因负溢价无法迅速得到修正，故负溢价更直观地反映了投资者对正股的悲观预期，或是正股大幅上涨后市场对其后续空间的担忧。例如英联转债，在尚未进入转股期时长期处于深度负溢价状态。

对上述暂未进入转股期的转债，常用策略是在负溢价程度较深时买入持有，博取其在进入转股期后负溢价收敛、转债价格回升的机会。相较已经进入转股期的品种，这样的策略将面临较大的风险敞口，包括：第一，负溢价程度较深的转债距离进入转股期往往仍有一段时间，意味着策略的持仓时间较长，或将面临更大的不确定性；第二，负溢价是市场预期的反映，对转债所对应正股的下行风险同样需要注意，致使参与时点较难抉择。

以英联转债为例，在即将进入转股期前，其正股价格迅速回落，如果此前参与的时点较早，那么很可能面临亏损。再如已退市的冰轮转债，2019 年 4 月 25 日转股溢价率为-19.40%，达到生命周期最低值，彼时绝对价格为 138.28 元，此后于 2019 年 7 月 18 日进入转股期，彼时估值为-1.68%，绝对价格为 136.61 元，仍面临小幅亏损。

综上所述，负溢价套利难以作为转债投资的常规策略，正股波动风险、溢价率波动风险、交易费用和冲击成本均是投资者需要考虑的因素。此外，负溢价套利策略的容量也较为有限。通常而言，转股期内负溢价程度往往较浅，一旦出现机会将迅速修正；而进入转股期前的负溢价程度尽管可能较深，但同时具有一定风险敞口，需结合正股资质统筹考虑。

2. 不常有的良机：条款博弈策略

在三大附加条款中，下修条款是最主要的博弈方向。由于回售条款的博弈空间较小，而赎回条款的博弈情景难以出现，故转债的条款博弈主要在于发行人是否启用向下修正转股价的权利。下修博弈的收益来源是，执行主动下修后，由于转股比例将相应增加，平价也会出现瞬间抬升，带动转债价格上行。行使下修条款时，新的转股价设置原则与发行时转股价的设置原则类似，也是将转股价重新确定在当前的正股价格附近，亦即行使下修权后，平价将重回100元面值水平附近。

需要注意的是，并非所有的主动下修都会对转股价进行足额调整，即修整到当前的正股市场价格水平。若修正后的转股价高于该水平，那么行使下修后转债的平价仍将显著低于面值①。

参与下修博弈的难点之一在于，当市场对下修形成预期后，其影响将提前在转债价格中体现；而当实际执行下修条款时，转债价格由于已提前达到合理价位，因此下修后再参与博弈的收益将相对有限。

不过从实际案例来看，如果在股东大会决议当日参与博弈，仍有望获得正向收益。2020年全年，共有钧达转债、搜特转债等11只转债提议并成功主动下修②。从转债价格变动的结果看，在董事会提议下修次日，绝大多数下修标的开盘均获得正向收益，其中济川转债和钧达转债更是取得了逾7%的瞬间收益。此外，在股东大会决议次日，相应标的也取得了一定正向收益（见表28）。

---

① 一般来说，国企转债在下修时，新的转股价不允许低于每股净资产，这可能对部分公司的足额下修造成限制。

② 分红派息等原因引起的转股价被动修正由于对转债平价的影响微乎其微，通常不具有博弈价值。

表 28　董事会提议下修次日可获得明显正向收益

转债名称	董事会提议下修日期	股东大会通过下修日期	董事会提议下修当日收盘价（元）	董事会提议下修次日开盘价（元）	提议下修次日开盘涨跌幅（%）	股东大会通过下修当日收盘价（元）	股东大会通过下修次日开盘价（元）	通过下修次日开盘涨跌幅（%）
济川转债	2020-02-14	2020-03-02	108.33	116.01	7.09	119.75	120.98	1.03
钧达转债	2020-02-26	2020-03-13	104.55	113.00	8.08	113.30	114.29	0.87
无锡转债	2020-04-08	2020-04-29	108.26	108.86	0.55	108.89	109.10	0.19
辉丰转债	2020-06-05	2020-06-28	—	—	—	—	—	—
荣晟转债	2020-06-09	2020-06-30	106.11	109.36	3.06	108.93	109.20	0.25
洪涛转债	2020-06-12	2020-06-29	102.45	103.70	1.22	103.88	105.00	1.08
华锋转债	2020-06-14	2020-06-30	105.15	108.20	2.90	107.70	108.50	0.74
维格转债	2020-07-15	2020-08-03	89.90	91.45	1.72	95.73	96.67	0.98
搜特转债	2020-08-24	2020-09-09	101.83	103.90	2.03	108.05	109.40	1.25
胜达转债	2020-12-14	2020-12-31	100.26	103.55	3.28	99.96	100.05	0.09
同和转债	2020-12-22	2021-01-07	99.05	103.00	3.99	99.90	100.00	0.10

资料来源：Wind。

从统计结果来看，参与下修博弈的一个可行时机是在董事会提议下修当日，此时可在次日获得较为稳定的正向收益。但无疑投资者很难“预判”董事会何时公告，我们能做的，唯有尽力识别和研判未来有较大可能行使下修权的标的，并提前布局。

作为发行人的主观选择，下修条款设置的初衷是避免实际触发回售条款。在随后的发展中，加速促成后续转股以及原股东持有转债等都成为促成下修的重要因素。对于银行转债而言，由于并未设置回售条款，因此下修主要旨在尽快促成转股以补充核心一级资本。[①]

发行人的下修意愿通常可以从以下维度进行大致判断：第一，正股价格处于低位，但发行人判断股价后续将迎来上行机会，此时可能会选择下修以降低触发强赎转股的难度，确保顺利转股；第二，大股东持有大量转债，在正股价格处于低位时，出于解套目的，其提议下修的可能性将增强。

理论上来说，根据上述指标对存量债中已触发下修条款的转债进行筛选，而后选择基本面预期改善且弹性稍强的个券进行配置，持有至董事会提议下修或是股东大会通过下修，将可能取得一定的超额收益。

从历史经验来看，由于下修属于发行人的权利而非义务，并且会使其付出更高稀释率的代价，故长期处于触发下修条款状态却并未选择下修的情形也时有发生，因此案头研究的实质价值相对有限。同时，触发下修的转债中包含大量关注度较低、市场研究覆盖不足的品种，在面临潜在的下修机会时，建议结合实地调研的情况，综合对下修可能性做出判断。

此外，还需要对下修失败的风险加以注意。例如，蓝思转债和众兴转债等均有下修失败的经历。如果大股东持股比例较高且持有转债，在股东大会对转债下修提案进行表决时需要回避，那么投票权可能集中在中小股东手中，此时不排除其对提案持反对意见的可能，加之中小股东乃至散户的意向难以统计，进一步加大了案头研究的难度。

除下修外，回售和强赎理论上也存在条款博弈的机会，但参与机会

① 从历史经验看，银行业是主动下修较多的行业之一。

及博弈空间相对较小。例如，回售条款的博弈需要寻找可能触发实际回售、市场价格低于回售价、出现信用违约可能性较小的转债。需注意，由于回售条款的触发条件是转债正股价格持续下行至转股价的 70%以下，且参与策略的前提是转债价格跌破回售价，这样的情景一定程度上也反映了市场对发行人的担忧，因此在实际参与过程中，务必谨慎考虑发行公司可能的违约风险。

（三）海外套利策略——市场发展中的招式储备

依托更为成熟的市场机制，海外转债市场中还存在 Delta 套利、Gamma 套利等经典转债投资策略，其中 Delta 套利策略在 2008 年全球金融危机前被国外对冲基金广泛应用。本书也将主要以 Delta 套利为例，对海外主流的套利策略思路进行介绍。由于国内融资融券等尚存一定限制，这也导致 Delta 套利策略的适用程度相对较低，其实际运行可能还需等待国内市场的进一步成熟和完善。

可转债价值本质上由债底价值和转股权等对应的期权价值构成，其中债底价值主要受其主体信用评级和同期利率影响，波动幅度相对较小；期权价值主要受正股价格波动影响，是转债价值变动的主要影响因素。同时，期权价值和正股价格呈非线性同向变动，这为 Delta 对冲套利提供了基础条件。

转债 Delta 套利策略构建的主要方法是持有转债多头，根据转债价格变化对正股价格波动的敏感度确定 Delta，并在此基础上卖空相应数量的正股，以尽可能对冲市场价格的波动风险。此时，正股价格的大幅上涨或大幅下跌都会为组合带来正向收益。

Delta 套利策略对市场风险进行对冲的原理是，当正股价格上升时，组合中的正股空头将面临亏损，但转债多头会因平价上升而获得正向收益。虽然转债价格的上升幅度可能小于正股，但由于策略组合中转债仓位往往大于正股，因此依然可实现对市场风险的对冲。反之，当正股价格下行时，正股空头将获得正向收益，转债多头则出现亏损，亦可实现风险对冲。

在上述风险对冲的保障下，Delta 套利策略收益的核心其实是做多正股波动率。Delta 套利组合的价值受波动率和基准利率变化的影响，其中波动率变化的影响力度相对较强，在正股波动率增加时，转股期权价值随之提升，并且波动率上升速度越快，期权价值上涨也会越快。因此 Delta 套利策略的本质，其实是在对冲正股的市场价格风险后，做多其波动率（见图 111）。

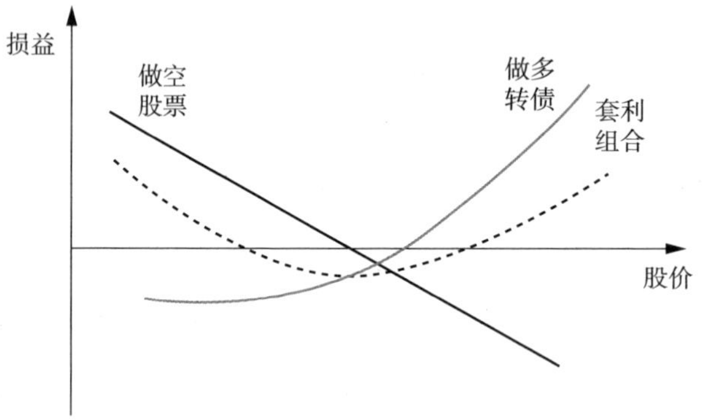

图 111　转债 Delta 套利原理

资料来源：袁志辉，凌铃．可转债 delta 套利策略［J］．债券，2015（06）：50-55.

对于投资者而言，参与 Delta 套利的主要关注点是寻找隐含波动率处在低估位置的个券，博取波动率回升带来的收益。并且，波动率回升速度越快，策略收益也将越高。

参与 Delta 套利的另一个重点是维持合理的调仓频率。当正股价格上升时，转债 Delta 值理论上也会随之提升①，此时组合需要卖空更多的正股，以保持 Delta 的中性头寸。理想状况下，我们希望策略中的

① Delta 在 B-S 公式中的计算公式可参考本书第五部分“转债定价方法进化史”。

Delta 头寸可实时调整，以保证市场风险的对冲效果。但事实上，频繁调仓会带来大量的交易成本，进而削弱 Delta 套利组合的盈利。因此，投资者在参与 Delta 套利时，往往会通过控制 Gamma（转债 Delta 变化和正股价格变化的比率）水平的方式，降低调仓频率。总体来看，除非正股价格一直保持单向变动，否则维持合理调仓的动态 Delta 策略通常会获得比静态 Delta 策略更高的收益①。

最后，择券时除考虑选择隐含波动率被低估的转债之外，还需要关注目标个券的信用风险、流动性风险和利率风险等，这些也会成为影响策略收益的重要因素。

小贴士

一些值得关注的细节问题

1. 为何 2019 年下半年以来低价配置策略很少持续发挥作用？

这主要是因为 2019 年下半年以来，转债市场持续处于相对较高的估值环境。在转债市场整体估值中枢高企时，低价配置品种的防御属性将被削弱，上升空间也同时受限，因此策略效果将受到很大影响。而当市场估值中枢重回较低区间后，低价配置品种的相对优势将再次发挥——2021 年初就是一个很好的范例，在市场持续的信用冲击下，转债市场整体估值压缩，低价配置策略在这段时期再次受到市场的青睐。

① Calamos N P. Convertible Arbitrage：Insights and Techniques for Successful Hedging [M]. John Wiley & Sons, 2003.

2. 为什么很多个券进入转股期前会产生负溢价?

许多新券在进入转股期前会出现负溢价，最常见的诱因就是在此期间正股价格大幅上涨至超过强赎触发线，平价上行幅度超过转债价格，形成负溢价。在进入转股期前，转债的负溢价无法经由转股套利的路径修正，因此会持续存在，直到临近转股期时才会趋于收敛，导致转债涨幅不及正股。形成负溢价的诱因通常有如下几个：首先，可能是因为正股大幅上行后，转债市场风险偏好整体低于正股市场，部分投资者会将对正股未来回调的担忧提前反映在转债价格中，形成负溢价；其次，部分机构在转债投资时会限制绝对价格，比如当个券上涨至超过180元后选择一律卖出，从而在行为层面上限制转债价格涨幅。上述常见引发负溢价的原因中常会包含投资者的非理性，以及单独行为层面的因素，这也使得进入转股期前的负溢价更多是以转债价格向平价修复的方式完成估值收敛，带来博弈机会。

九、如何测算历史可比的转债市场估值

（一）估值选择的两难：转股溢价率还是隐含波动率

在当前的市场和学术研究中，常用的转债估值指标主要有两个：转股溢价率和隐含波动率。但遗憾的是，这两个指标在实际应用于投研判断时均存在明显短板，无法在历史和截面两个维度同时提供有效参考。因此，如果想要得到更为理想的转债市场估值指标，我们需要总结现有指标的特征和优缺点，并做进一步完善和改进。

1. 转股溢价率：直观的估值指标，但缺乏纵向可比性

两个指标中，转股溢价率在国内转债市场已有非常广泛的应用。由于指标主要反映市场对正股后续涨幅的预期，故其对于转债择券的参考性也较为直观。例如，可通过对比转股溢价率来判断存量个券的性价比。然而，当运用于个券的纵向比较时，转股溢价率则会体现出较为明显的短板。

转股溢价率的一大短板，是其尺度会随着平价水平的变化而改变（即转股溢价率的被动变化）。换言之，我们无法直接回答一只转债在转股溢价率分别为 15% 和 25% 时，哪个状态的估值水平更高。这是因为，当 15% 的转股溢价率所对应的平价水平远高于 25% 状态时，更低的转股溢价率可能意味着较高的估值。这样的问题在截面维度上可通过近似平价个券的比较来化解，但在个券历史维度的比较中，转股溢价率则会暴露出严重缺陷，即由于个券平价会持续变化，除非能够寻找到历史中平价相近的时段，否则转股溢价率指标将不具有纵向可比性，见图 112。

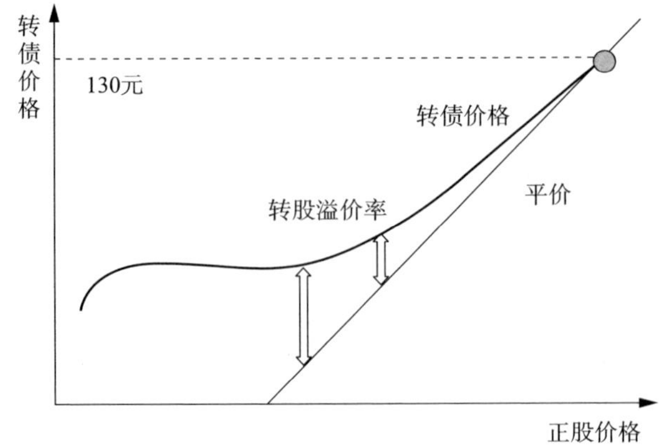

图 112　转股溢价率随平价被动变化的性质，决定了其在历史维度上并不可比

资料来源：Wind。

上述问题在对市场整体层面估值水平的判断中同样存在。我们常常利用存量券转股溢价率的平均数来判断转债市场当前的估值水平，但由于转股溢价率具有随平价被动变化的特性，单纯比较历史维度上转股溢价率的高低，无法有效帮助我们认识不同市场环境下的真实估值水平，见图 113 所示。

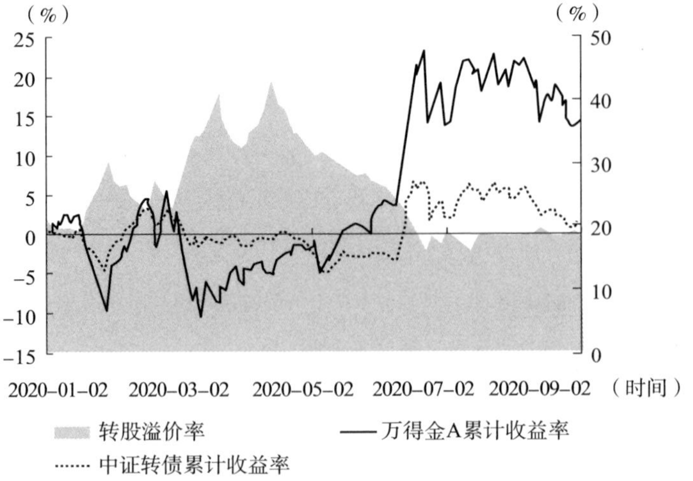

图 113　由于平价水平存在差异，很难单纯通过市场转股溢价率均值判断不同时期估值水平高低

资料来源：Wind。

总体来看，转股溢价率作为转债常用的估值指标，具有直观、计算便捷等优良特性。但因其尺度会随平价水平而被动变化，故无论是在个券抑或市场层面，直接对转股溢价率进行时间维度上的比较并无意义，而根据该指标直接计算的历史分位数，也不能提供历史估值相对高低的有效信息。

2. 隐含波动率：天然纵向可比，但计算准确性存在硬性限制

与转股溢价率相比，隐含波动率指标具有天然的历史可比性优势。事实上，如果单纯讨论指标的理论性质，隐含波动率是众多转债估值指标中性质最为优良的指标之一。其不但具有历史可比性，而且与转股期权价值正向相关（参考 vega 值），理论上是一个理想的估值衡量指标。

由于隐含波动率的尺度不会随平价或其他因素变化而产生度量衡上的问题，因此可以直接通过该指标水平的高低，以及其与历史波动率之间的相对高低，对转债估值水平进行判断。不过，相较于主要反映正股未来市场预期的转股溢价率，隐含波动率作为转债估值指标，在直观性上的效果逊色不少。

遗憾的是，一方面，由于隐含波动率指标仍需使用 B-S 公式进行计算，而受到 B-S 期权定价理论的假定限制（可参考第五部分“转债定价方法进化史”），即便是运用当前学术界较为前沿的各类 B-S 改进模型进行计算，仍可能因违背过多假设条件而得到偏差较大的结果；另一方面，计算隐含波动率通常采用转债价格与纯债价值之差作为期权价值，但实际上这部分价差还包含了附加条款的期权价值，很难通过适当的定量化手段将各类期权价值从中分离。

从光大转债的例子可以看出，利用 B-S 公式计算出的隐含波动率序列和转债价格虽存在一定相关性，但契合度仍较低，在需要对价格进行精确判断时效力依然不足。同时，隐含波动率指标也并未表现出对于价格的领先性特征（见图 114）。

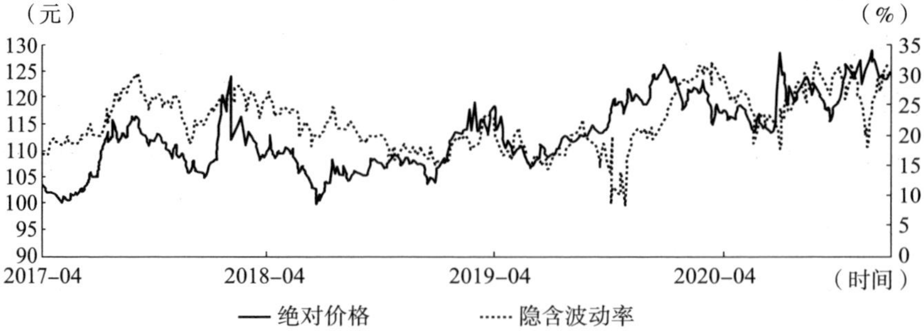

图 114　从光大转债的例子看，隐含波动率指标实际效用有限

资料来源：Wind。

3. 对比结论：对转股溢价率进行改进的可行性更高

总结来看，转股溢价率和隐含波动率的优势分别体现在：转股溢价率的估值价值较为直观，内涵也更为明确，且计算方便、数据可得性强；隐含波动率天然具有历史维度的可比性，可直接利用其历史分位数等指标判断估值所处位置。

两种方法均具有明显的短板：转股溢价率尺度会随平价的变化而改变，历史维度上的比较并无意义；而隐含波动率的直观性较弱，更大的问题在于依托现有方法很难在我国转债市场中计算出准确的结果。

对于现有的两个估值指标，改进思路有两种：①对转股溢价率的历史可比性进行修正，构造不受平价水平影响的新指标；②对隐含波动率计算的准确性进行修正，发挥其历史可比性等优势。

上述两种思路中，我们认为对转股溢价率的历史可比性进行修正具有更强的可行性。这是因为，如果无法得到准确的估值数据，那么估值判断将毫无意义。而在当前的市场和学术研究中，B-S 期权定价理论在我国市场的适应性改进仍是一大难题，目前尚无理想的修正手段。同时，在机构投研工作中，改进 B-S 理论的成本较高，往往也无法被接受。因此，后文将聚焦转股溢价率，力求在其基础上构造新的历史可比指标。

（二）转股溢价率改进的三种思路

1. 思路一：寻找历史中平价相近的时点进行比较

为了对转股溢价率的纵向可比性进行修正，一个简单且直观的思路是，可以在历史中搜寻平价水平与当前相仿的时段，对比转股溢价率的相对高低。按照前文分析，转股溢价率指标历史可比性缺失的原因主要是其尺度会随平价水平变化。通过在历史中找寻平价近似的时点，比较市场或个券转股溢价率水平的高低，便可对比两个时刻转债估值的相对高低，从而探究市场情绪、供需关系等方面的差异对转债估值的影响。

不过，上述方法在实际应用中仍然存在较为明显的局限。首先，我们只能对市场整体估值情况进行对比，而无法刻画不同价位转债之间的估值分化；其次，当前市场的平价水平并不稳定，当市场整体上行或回落时，估值水平可能也会处于快速变化状态，导致历史对比的可参考性有所降低。此外，即便是市场平价和估值水平相对稳定，历史中也并不总是能够找到对应的稳定状态与之比较。

综上，“在历史中寻找近似平价水平时段”的方法，虽然提供了一个可能的纵向比较思路，但实际中受到的局限也往往较大。以 2020 年末的市场环境为例，截至 2020 年 12 月 31 日，市场中正常交易的存量转债平价均值为 104. 82 元，且前期市场的平价水平处于回落趋势，并不稳定。历史上平价较为近似的时段出现在 2014 年末，但彼时权益市场正处于“疯牛”行情的极端环境中，与当前市场环境的可比性相对较低。因此，单纯比较两个时段的平均转股溢价率水平，能够得到的有效信息将相对受限（见图 115）。

2. 思路二：分平价区段计算转股溢价率均值

第二种思路是对比分平价价位的转股溢价率均值。在依照平价高低

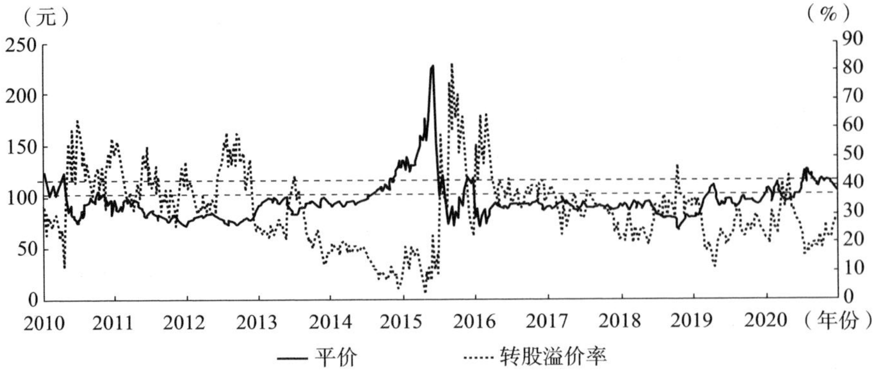

图 115　寻找历史中平价相近的时刻并不容易

资料来源：Wind。

注：图中曲线为市场平价和转股溢价率的算数平均数。

对市场进行区段划分后，通过在组内取转股溢价率均值的方法，可近似得到将平价水平固定在组内平价中枢的估值水平。以平价在 90~100 元的分组为例，假设各区间样本的平价在组内均匀分布，那么计算出的组内转股溢价率均值即可大致认为是当前市场环境下，平价为 95 元的转债所对应的估值水平，在对其他不同价格区间进行相同处理后，便可得到将平价水平固定的各价位转债估值的近似曲线，并进行历史比较（见图 116）。

若转债市场没有出现估值的主动变化，那么在给定平价价位上的转债估值也应维持不变。因此，可以利用这一曲线的变化趋势，来观测转债市场估值的主动变化规律。

更进一步看，由于利用区段划分取平均的方式，近似固定了各个区间平均转股溢价率所对应的平价水平，所以可以直接通过取历史分位数的方式，对当前时点转债估值在历史中的位置进行分析。同时，还可根据研究目标来选择不同的时间区间。例如，以 2020 年 12 月 31 日计算结果为例，各价位尤其是高平价品种的估值处于 2017 年以来的较高分位点，指向市场估值仍处于本轮市场扩容以来的较高水平。而如果将时

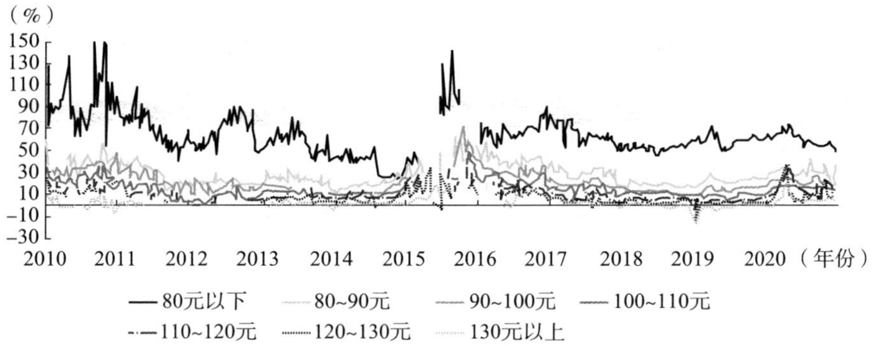

图 116　通过分组求均值，可近似构造固定平价水平的估值曲线

资料来源：Wind。

间延伸至 2010 年以来，各价位估值的历史分位数则处在相对温和的水平（见表 29）。

表 29　利用不同时段分位数判断当前估值在历史中所处的位置

日期	80 元以下	80~90 元	90~100 元	100~110 元	110~120 元	120~130 元	130 元以上
历史分位数（2017 年起）（%）	18.30	81.50	77.30	47.90	61.40	69.10	94.10
历史分位数（2010 年起）（%）	13.70	96.70	95.90	51.20	72.00	81.50	92.60
2020-12-31 估值（%）	51.62	36.03	25.08	11.50	9.02	5.51	9.90

资料来源：Wind。

上述处理思路较第一种思路有两方面改进：①只要组内样本足够多，即可得到各价位转债转股溢价率均值的连续曲线，从而能够对历史中各个时期的情况进行对比，而不是局限于寻找历史中平价近似的时刻；②对市场估值的分析更为细化，可用于比较不同价位品种之间的估值分化，观察不同类型转债之间的表现差异。

但分平价区间取均值的处理方法，在实际应用中依然存在问题：划分区间时，由于转债市场标的数目有限，容易出现组内样本平价分布偏移，进而导致估值的错误估计。对2010年以来平价在90~100元转债的平价均值进行计算，发现即便是在90~100元这样较为核心的平价区间，组内估值的均值仍出现了剧烈震荡。而当均值与95元的理论平均水平出现较大偏离时，该区间转债的转股溢价率均值也会较“95元平价转债对应的真实估值水平”明显高估或低估（见图117）。

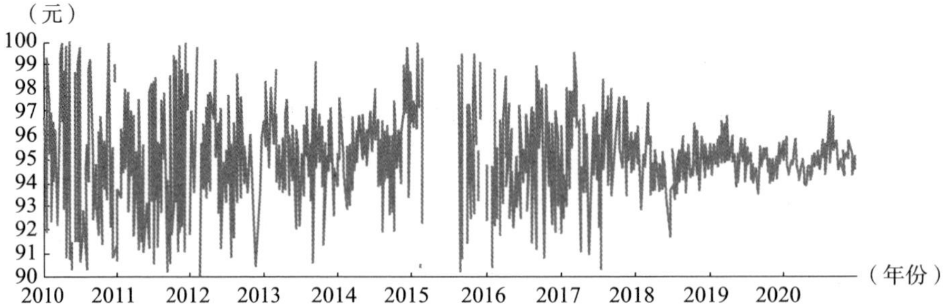

图117　由于样本数量限制，组内均值可能出现大幅震荡

资料来源：Wind。

划分区间的宽度同样是实操中的“两难”问题：若区间设置过宽，将使得估值被动变化，对计算结果产生影响，失去划分处理的意义（区间放宽的极限就是直接计算全市场的转债均值）；而过于精细的区间划分，又会使样本缺失的问题越发严重。

从波动幅度的变化趋势来看，近年来，随着转债市场扩容，各价格区间的存量转债数目明显增加，组内平价均值的波动也略有减小。但从历史维度看，转债样本的缺失问题仍然严重，利用此方法进行历史对比仍会受到组内样本偏移的影响。

综合而言，分平价区间计算转股溢价率均值的方法虽然存在一定瑕疵，但由于计算较为简便，且数据可得性强，故在当前的市场估值研究中仍然得到了广泛应用。不过，由于思路的限制（如区间宽度的两难等），估值跟踪的效果很难得到进一步改善，方法的拓展空间有限。

3. 思路三：利用回归方法捕捉市场估值中枢

前文中介绍的分平价区间取转股溢价率均值的方法思路，本质是利用样本数据，尽可能捕捉各平价价位所对应的估值中枢水平。这样的思路，其实可以通过转股溢价率和平价之间的回归关系实现，在捕捉到转股溢价率和平价之间的趋势线后，便可在不受组内样本偏离的影响下，完成各价位转债估值的跟踪。

在回归方法的可行性初探中，以转股溢价率为因变量、平价为自变量，在截面维度对每个交易日的存量债样本进行一元线性回归（剔除近期疑似炒作的品种），得到当日转债估值相对平价的趋势线（见图118），之后反代回平价，即可计算出修正后的各价位“平均”转股溢价率。这样的估值指标，既修正了分组数据的分布不均匀问题，又解决了历史维度上不可比的问题。

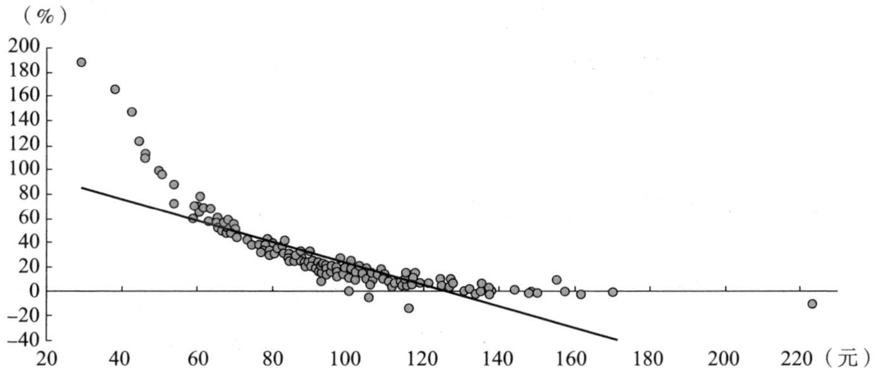

图 118　利用回归方法归纳单日市场的估值——平价趋势

资料来源：Wind。

需要注意的是，线性回归的修正方法在实际运用中存在一个较为明显的瑕疵。由于转债估值与平价之间并非显著的线性相关关系，其趋势线呈现出典型的凸向原点（可能与转债的期权价值有关），使用线性回归方法对各价位估值进行修正，可能会低估高平价和低平价组的估值水平（见图 119）。因此，对于线性回归模型修正的估值数据，只能参考与线性拟合线契合度较高的、平价为 90 元和 100 元的中枢品种，而极端价格区间的估值均可能被显著低估。

总体来看，虽然线性回归的估值修正结果仍存在一定问题，但可以通过更换为其他更加适合刻画曲线相关结果的回归模型进行修正。相较于前两种思路，回归模型的估值修正思路具有更大的改进空间。

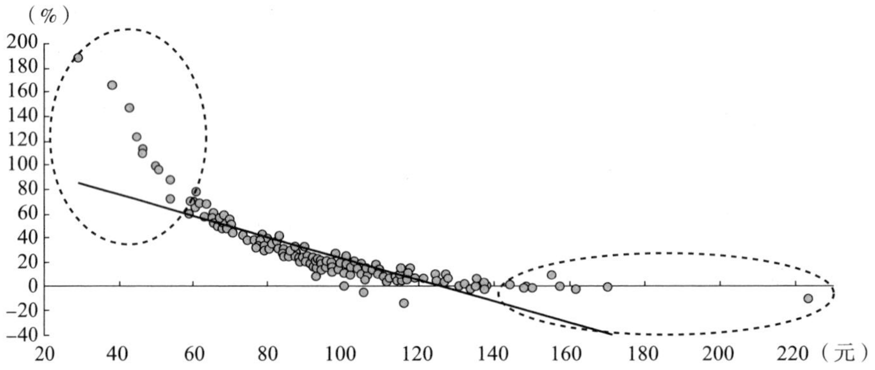

图 119　线性回归方法可能使高平价和低平价转债估值被低估

资料来源：Wind。

（三）利用曲线回归手段构造历史可比的估值指标

为解决线性回归方法的局限性，我们将对数线性回归和多项式回归方法引入转债估值的修正问题中。在计量经济学方法中，对于类似图 118 中具有明显二阶变化特征的散点图，如线性回归效果不佳，一般可以尝试利用对数线性回归和多项式回归的方法提高拟合度。

1. 改进线性回归效果的三种可行思路

方法 1：对数线性回归方法。对于样本散点图中的趋势特征，可尝试对个券的平价取对数，将平价与转股溢价率之间的相关关系“拉平”

为近似的线性相关关系，再进一步建立线性回归模型，从而提高模型的拟合度。同时，对数线性回归方法也更加接近学术研究中对上述问题的规范性处理，在现有研究中的使用范围较广。

上述方法对应的回归方程如下：

$$y_i = \beta_0 + \beta_1 \ln(x_i) + u_i$$

其中，x 为平价，y 是转股溢价率，β 为截距项和斜率，u 为随机扰动项。从图 120 和图 121 展示的散点图和趋势线来看，对平价取对数后①，其与转股溢价率的线性关系明显增强，趋势线的拟合度更高。

方法 2：多项式回归方法。除了将平价与估值二者的相关关系“拉平”为线性相关外，在原有的线性回归方程中加入二次项，形成平价与转股溢价率之间的曲线关系，也可以提高模型的拟合度。相较于对数线性回归，多项式回归在经济意义的解释上力度较弱，且估计时存在天然的多重共线性问题，因此在规范性学术研究中的使用频率相对较低。

这一方法的公式表达如下：

$$y_i = \beta_0 + \beta_1 x_i + \beta_2 x_i^2 + u_i$$

其中，变量代号与前文一致。加入二次项之后，便可利用抛物线的弧度对平价和转股溢价率之间的相关关系进行刻画，提高回归的拟合度（见图 122）。

方法 3：反比例回归方法。除了前面提到的两种回归方法，利用反比例函数设立回归方程，同样可以解决曲线回归问题。反比例回归方程中将对数线性回归中对平价取对数替换为取倒数。根据反比例函数性质，通过这样的方法同样可以构造出一条凸向原点的趋势线。与前两种方法相比，反比例函数在学术研究中的使用频率相对较低，可能与经济

① 由于平价—转股溢价率之间相关关系的曲线弧度较大，对平价取自然对数后并不能完全起到“拉平”曲线的效果，因此本书在实际运算时将方程中的自然对数替换为以 10 为底的对数。

意义的解释难度等因素有关。不过相较于模型的经济意义，本书中的回归旨在尽可能准确地拟合平价和转股溢价率之间的相对关系。因此，我们仍然引入了该方法作为三种备选的改进方法之一。

反比例回归方程表达式如下：

$$y_i = \beta_0 + \beta_1(1/x_i) + u_i$$

其中，变量代号与前文一致。从图 123 的拟合线演示中可以看到反比例函数形成的弧线能够较为稳定地刻画平价与估值之间的关系。

图 120 至图 123 分别展示了线性回归和三种改进方法对于单个交易日截面数据的回归结果。对比三种改进方法与简单线性回归的结果，可以直观地看出三种方法均取得了比简单线性回归更佳的拟合效果。具体回归效果将在后文中详细分析。

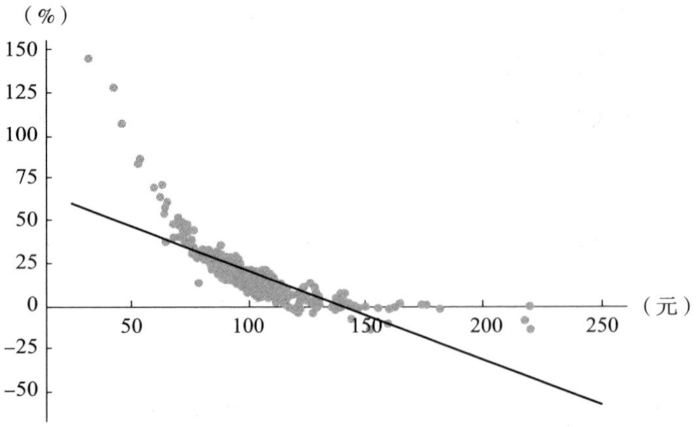

图 120　线性回归的拟合线

资料来源：Wind。

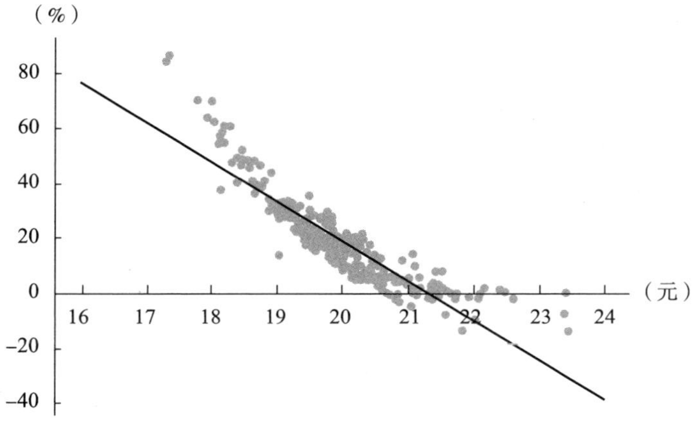

图 121　对数线性回归的拟合线

资料来源：Wind。

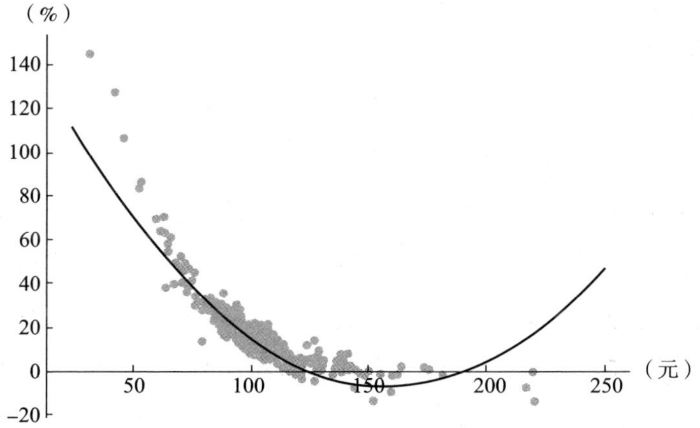

图 122　多项式回归的拟合线

资料来源：Wind。

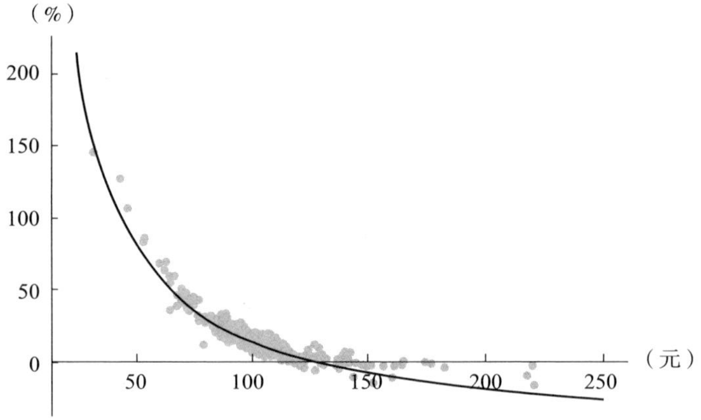

图 123　反比例回归的拟合线

资料来源：Wind。

在得到单个交易日的拟合线后，便可在估计式中反代回想要观察的平价水平，例如 100 元、110 元等，并据此反推出通过回归方程修正后该平价水平所对应的估值中枢。在对历史上足够多的交易日进行估算后，即可对各平价价位转债的估值变化和历史位置展开分析。

值得一提的是，虽然从散点图和趋势线的拟合程度上看，多项式回归的拟合效果十分理想，但由于抛物线本身的特性，当平价超过极低点位置后，拟合曲线会随着平价升高而重新上扬，这与实际情况并不相符（转股溢价率应逐渐收敛至 0）。因此，在运用多项式回归方法对转股溢价率进行估计时，部分平价水平处于极端高位的品种可能会出现转股溢价率的高估，见图 124。

此外，由于回归模型在参数估计时，对样本量具有一定要求，故在 2015—2016 年“疯牛”行情引发大规模强赎转股退出之后，市场的存量转债数目可能并不足以对模型参数进行有效估计。因此，在历史回溯研究中，建议将此段时间的估算结果予以剔除。

2. 三种方法改进效果各有千秋

我们对 2010—2020 年每个交易日的转债个券样本分别运用线性回

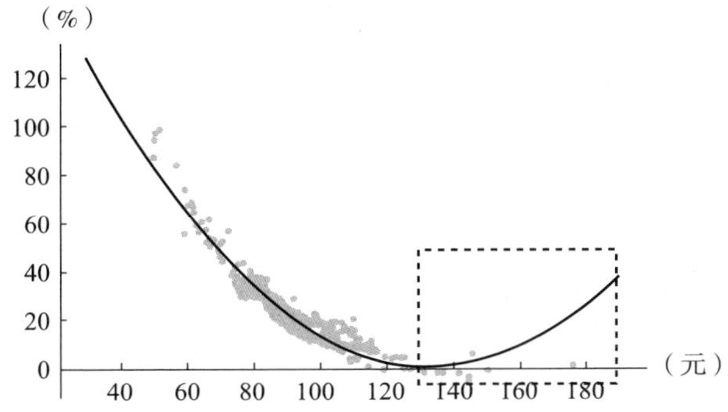

图 124　多项式回归拟合度高，但抛物线本身的特性与转债估值规律存在差异

资料来源：Wind。

归、反比例回归、对数线性回归和多项式回归四种方法进行拟合，并对四种方法的结果进行了比较。由于本书建立回归方程的目的是尽可能地利用回归估计值修正分价位的转债估值，因而相较于常规的参数估计结果和经济解释，我们更为关注的是用于衡量拟合度的指标——R^2。从估计的结果来看，多项式回归在四种方法中有着最高的整体拟合度；反比例回归的拟合度同样处在较高水平；对数线性回归拟合度虽然较前两种方法并不占优势，但整体效果相比线性回归方法仍有明显改善（见图125）。

从样本拟合结果的分布看，在 2000 余次的拟合中，多项式回归和反比例回归的 R^2 分布大多处在 80%以上的较高位置，整体效果较线性回归和对数线性回归方法明显占优，指向两种方法的整体拟合效果较为稳定，在大部分时间内都能够有效捕捉各价位转债的估值中枢水平。

从 R^2 均值来看，在 2010—2020 年各交易日的样本回归结果中，多项式回归和反比例回归方法的均值分别达到了 0.906 和 0.891，均处于 0.9 左右的较高水平。即便是 25%分位数，也分别达到 0.891 和 0.883，

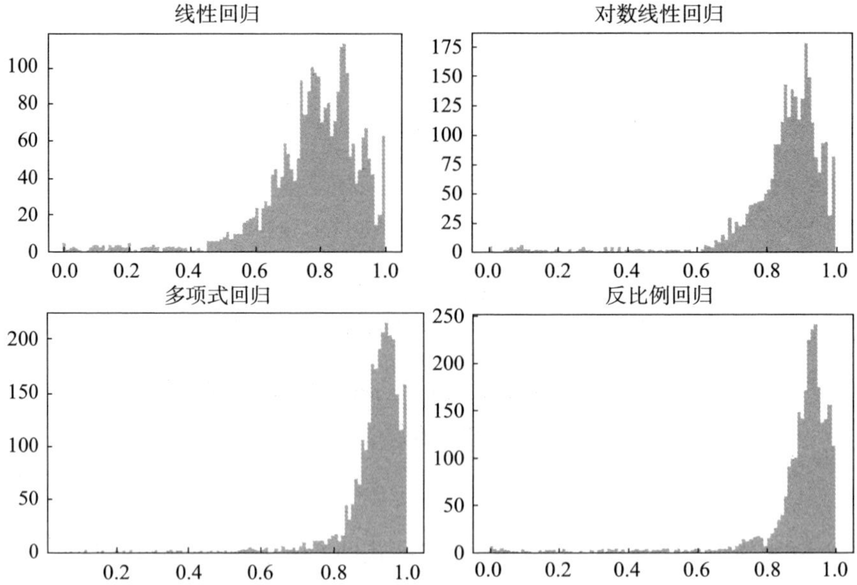

图 125　反比例和多项式回归具有较高的整体拟合度

资料来源：Wind。

说明两种方法的拟合度十分理想。与简单线性回归方法相比，对数线性回归的效果也有了明显改善，R^2 均值达到 0.845，指向该方法推算的结果也具有较高的参考价值（见表 30）。

表 30　反比例回归等方法较线性回归模型在拟合度方面均有明显改善

	线性回归	对数线性回归	多项式回归	反比例回归
观测天数	2614	2614	2614	2614
均值	0.773	0.845	0.906	0.891
标准差	0.163	0.147	0.107	0.141
25%分位数	0.713	0.818	0.891	0.883
50%分位数	0.797	0.877	0.931	0.925
75%分位数	0.877	0.924	0.960	0.953

资料来源：Wind。

此外，对于前文所述多项式回归可能存在高平价转债估值高估的问题，我们对估计结果中，拟合曲线极低点出现的平价位置进行了统计。从平均水平看，极低点对应的平价均值为138.97元，超过130元的强赎条件触发线，处于较高位置，下四分位点则为117.47元。总体来看，极低点出现的位置很少低于110元。因此，对于平价在110元及以内的价格区段，多项式回归在拟合度上具有明显优势（并且还是在高平价区段拟合效果不佳的前提下），总体参考性较高。

综上，三种新的回归方法较线性回归而言，效果均有明显改善。具体而言，反比例回归方法整体拟合度较高，效果稳定，推算的估值结果建议重点关注；多项式回归方法在拟合度方面占优，但由于存在高平价区段估值失真的问题，建议重点参考平价在110元以内的区段；对数线性回归方法在三种方法中整体拟合度较弱，但绝对水平仍处在参考价值较高的区间内，加之该方法在规范化研究中应用较为广泛，因此对于方法规范性要求较高的研究仍具有一定参考价值。

（四）如何利用新估值指标判断当前转债估值在历史中的位置

运用前文所述的各种回归方法，我们对历史中不同交易日内各价位的修正转股溢价率进行了测算，将各交易日的结果相连之后，便可得到各平价价位估值中枢在历史中的变化情况。

1. 估算估值曲线的应用与历史回顾

这里，我们运用综合效果较为稳定的反比例函数回归结果，展示各平价价位转债估值中枢在历史中的变化。图126展示了2017年以来，即本轮转债市场扩容以来，平价为80元、90元、100元、110元、120元和130元转债的修正估值变化曲线。这也为估值历史分析提供了一个工具——可以直接根据各价位估算估值曲线的变化，判断不同平价水平转债在历史中的估值演变。

由于转股溢价率主要反映市场对于正股的未来预期，因此可以从估值曲线的变化中，清晰地观察到各阶段市场情绪的变化。

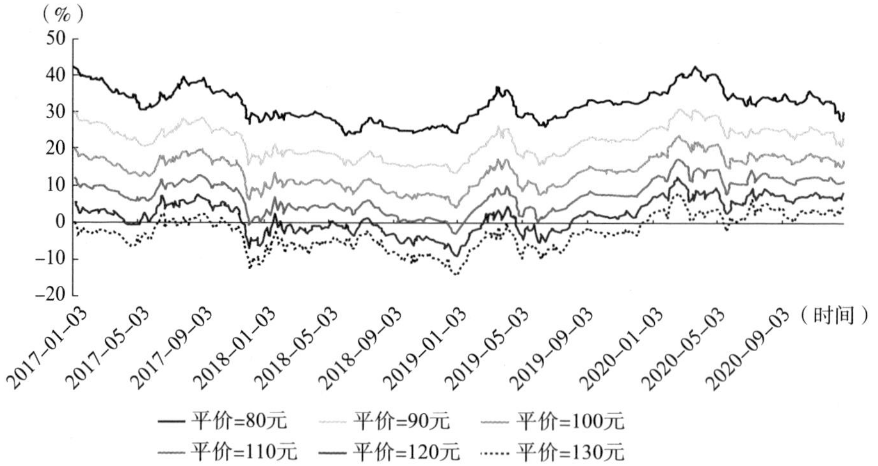

图 126　利用反比例函数推算的各价位历史估值变化情况

资料来源：Wind。

各价位估值变化的趋势可以归纳为如下几个阶段：

2017 年末至 2018 年末：漫长的估值压缩。

在 2018 年权益市场的熊市时期，受正股悲观情绪影响，各价位转债估值均出现了明显的压缩趋势，这种情况在 2018 年初市场下行伊始时尤为显著。分平价价位来看，在 2018 年估值主动压缩的趋势中，平价为 80 元的低价品种估值于年中率先触底，而平价在 110 元及以上股性较强品种的估值，则在整个下半年处于压缩状态。

2019 年上半年：估值的短暂拉伸与回落。

进入 2019 年后，随着正股行情的全面好转，转债市场情绪迅速回暖，各价位转债估值均出现了明显的主动拉伸，但整体水平仍不及 2017 年高点时期。截至 2019 年第二季度，正股行情出现明显回调，各价位转债的估值也出现了主动压缩。

在这一过程中，各价位转债的估值在前期市场整体上行阶段，清晰地反映出市场的牛市预期，即随着正股行情好转，无论是前期估值趋于平稳的低平价品种，还是估值仍在压缩过程中的高平价品种①，估算出的估值曲线均出现整体上行，反映了市场全面的乐观情绪。

但需要注意的是，大幅度的估值拉伸有两个必要前提：①前期市场整体估值水平已经出现了大幅回落，为后续的估值拉伸提供了上行空间；②2019 年初转债市场整体规模较目前（2021 年第二季度水平）小，个券行情往往会由于市场容量的限制，而带动其他价位或资质类似的转债品种一同上涨。

2019 年 2 月至 2020 年 4 月：估值淤积阶段。

该时期，各价位转债迎来了漫长的估值淤积阶段。在这一过程中，利率和信用产品的操作难度逐渐增大，而转债市场则持续保持着较为优异的表现，由此转债品种成为债市博弈弹性的关键标的，部分相对收益投资者不得不进入转债市场，叠加其间转债供给与退出品种资质的不平衡，市场供需关系日趋紧张，估值水平随之不断累积。

截至 2020 年 4 月，各价位转债估值大多上行至 2017 年以来的最高水平，“高估值”逐渐成为转债市场的新常态，这对参与策略也造成了显著影响。由于新券上市即可得到较高估值，打新成为重要的收益来源。市场新券申购热度不断提升，由于没有包销压力，发行人纷纷取消网下申购渠道；而已经进入转股期的品种，由于理论上会在 130 元的价位迎来估值收敛并面临强赎，故上行空间受限，新券在偏股型品种中的相对优势进一步提升。

2020 年 5 月至 2021 年 5 月：估值压缩后，波动率整体平稳。

2020 年 5 月，各价位转债出现了一轮幅度较大的估值压缩。2020 年 5 月 19 日，中证转债指数在上证综指上涨 0.81%的情况下，仍出现

① 事实上，随着前期市场的持续调整，这一阶段的实际存量高平价品种已经不多，估算结果中的高平价转债估值更多反映的是彼时市场环境下，高平价品种可能对应的估值水平。

0.12%的下行。同时，当日价格变化方向与正股相反的转债数目达到107只，其中正股上涨而转债下跌的标的有93只。反映到各价位的估算估值上，其曲线均呈现出较为明显的大幅回落趋势。

估值出现主动压缩的原因：①可能是因为此前在长端利率的下行趋势中，转债市场的债底整体得到提升，一定程度上支撑了市场的高估值。而随着后续长端利率上行，这一部分溢价逐渐消散，导致市场整体估值出现主动压缩。②更为重要的是，在样本区间末尾的市场利率水平下，相对于持续纠结的权益市场，利率债和信用债的参与机会较前期明显增加，使得转债在各类固收品种中的吸引力下降，部分机构甚至可能会选择赎回基金等极端方式退出转债市场，引发估值迅速回落。

需要注意的是，即便各价位转债估值均出现了明显压缩，但从幅度上看，对长期以来累积的高估值水平消耗仍然有限。高估值市场环境也逐渐成为2020年后转债市场的“新常态”。

至2020年7月，随着权益市场行情反弹，各价位——尤其是高平价区段的转债曾出现短暂的估值拉伸，但幅度远不及2019年第一季度，可能的原因主要有两点：①这段时期市场对正股后续走势的乐观程度相对较弱；②虽然此前曾出现过估值主动压缩，但此时各价位转债估值仍处于较高位置，并无大幅拉伸的空间。

此后，各价位转债估值以震荡为主，除低平价品种外，大多仍处于2017年以来的较高水平。

2. 估算估值历史分位数的应用

对于当前转债估值在历史中所处的位置，可以利用模型推算估值的历史分位数来进行判断。

参考效果最为稳定的反比例回归模型推算结果，截至2020年12月31日，平价在100元及以上的品种，估值仍维持在2017年以来的65%

分位点以上，其中平价120元和130元对应的估值历史分位数则均处于2017年以来的90%分位点以上。从2010年以来看，这些价位对应的估值仍大多处于60%以上的分位水平，说明当前偏股型品种仍处在估值较高的状态。与此同时，平价在80元的低价品种，其估算估值的分位数已明显低于2017年和2010年以来的中位数水平（见表31）。

表31　2020年12月31日的模型修正估值历史分位数

2017年以来 2020-12-31 分位数（元）	平价= 80元	平价= 90元	平价= 100元	平价= 110元	平价= 120元	平价= 130元
反比例估算（%）	37.30	52.90	68.00	83.40	91.60	95.80
多项式估算（%）	40.60	66.30	88.30	97.50	—	—
log（x）估算（%）	21.60	49.40	80.40	95.40	98.00	99.00
2010年以来 2020-12-31 分位数（元）	平价= 80元	平价= 90元	平价= 100元	平价= 110元	平价= 120元	平价= 130元
反比例估算（%）	37.00	49.60	56.90	65.10	71.30	76.00
多项式估算（%）	41.00	56.70	67.60	74.80	—	—
log（x）估算（%）	29.70	49.30	64.40	74.50	82.10	86.70
2010年以来 （剔除2015—2016年 样本不足时期） 2020-12-31 分位数（元）	平价= 80元	平价= 90元	平价= 100元	平价= 110元	平价= 120元	平价= 130元
反比例估算（%）	39.10	52.40	60.10	68.10	74.00	77.80
多项式估算（%）	43.10	59.80	71.20	78.00	—	—
log（x）估算（%）	31.30	52.10	67.90	77.20	83.50	87.60

资料来源：Wind。

小贴士

一些值得关注的细节问题

1. 估值估算方法还有没有进一步改进的空间？

有。当前估算方法存在一个明显问题，就是在类似于2018年的极端市场环境下，部分价格区间的样本会出现集体缺失（2018年主要是缺失高平价品种），导致估算出的高平价估值中枢为负。但实际情况是，在这样的市场环境下，若真的存在高平价存量券，估值中枢最低只会被压缩到0左右。如何在估算过程中对这样的情形进行约束，是后续研究中需要考虑的重点问题。

2. 当前模型会输出多个平价的估值中枢指标，若只保留一个核心指标应当如何选择？

可以考虑选择核心平价价位——100元对应的估算估值中枢及其分位数作为代表。但由于偏股型品种和偏债型品种常常拥有各自的运行逻辑，因此我们还是建议综合参考不同价格区间的估值，无须刻意追求单一指标。

参考文献

中文文献：

［1］董微．可转债定价的实证研究［J］．统计与决策，2015（14）：168-170.

［2］范辛亭，方兆本．随机利率条件下可转换债券定价模型的经验检验［J］．中国管理科学，2001（6）：7-14.

［3］古国耀，苏莹．可转换债券的定价理论分析［J］．南方金融，2004（5）：36-38+41.

［4］黄健柏，钟美瑞．考虑了信用风险的可转换债券定价模型［J］．系统工程，2003，21（4）：77-81.

［5］黄文渊．我国可转换债券转股价下调行为的研究［D］．复旦大学，2014.

［6］蒋殿春，张新．可转换公司债定价问题研究［J］．证券市场导报，（12）：65-69.

［7］金仁莉．机器学习方法在可转债估价上的运用［D］．暨南大学，2016.

［8］赖其男，姚长辉，王志诚．关于我国可转换债券定价的实证研究［J］．金融研究，2005（9）：105-121.

［9］李莉，毛奕，薛冬辉．中国上市可转债双因素定价模型研究——基于二叉树和蒙特卡罗模拟方法［C］．中国管理学年会——金融分会场．

［10］李明阳．基于可转债转股动机的投资策略［D］．上海交通大

学，2015.

［11］刘大巍，陈启宏，张翀．关于我国可转债定价修正模型的实证研究［J］．管理工程学报，2011（1）：189-196.

［12］孙秋玲，梁永福，邓荃文．向下修正条款与可转债价值——基于概率预测模型的实证研究［J］．企业经济，2017，36（12）：186-192.

［13］唐文彬，张小勇．LSM 可转债定价模型及其应用研究［J］．财经理论与实践，2008（4）：52-55.

［14］王莉君，魏正红，张曙光．带有信用风险的可转换债券的定价模型［J］．运筹与管理，2003，12（3）：49-53.

［15］王新哲，周荣喜．基于利率期限结构模型的中国可转换债券定价分析［J］．管理科学，2006（2）：78-82.

［16］王竹芳，潘德惠，宋俊清．随机利率条件下可转换债券的数值解法及实证检验［J］．数量经济技术经济研究，2005（1）：100-107.

［17］杨立洪，蓝雁书，曹显兵．在随机利率情形下可转换债券信用风险定价模型探讨［J］．系统工程理论与实践，2007（9）：19-25.

［18］杨如彦，魏刚，等．可转换债券及其绩效评价［M］．中国人民大学出版社，2002.

［19］赵洋，赵立臣．基于蒙特卡罗模拟的可转换债券定价研究［J］．系统工程学报，2009，24（5）：621-625.

［20］郑振龙，黄薏舟．波动率预测：GARCH 模型与隐含波动率［J］．数量经济技术经济研究，2010（1）：140-150.

［21］郑振龙，林海．中国可转换债券定价研究［J］．厦门大学学报（哲学社会科学版），2004（2）：94-100.

［22］朱妮洁．基于 Monte-Carlo 模拟的可转债定价模型［J］．经济研究导刊，2018（10）：94-97.

［23］袁志辉，凌铃．可转债 delta 套利策略［J］．债券，2015（6）：50-55.

英文文献：

[1] Altman Edward I. The Prediction of Corporate Bankruptcy: A Discriminant Analysis [J]. Journal of Finance, 1968, 23 (1): 193-194.

[2] Baumol W J, Malkiel B G, Quandt R E . The Valuation of Convertible Securities [J]. Quarterly Journal of Economics, 1966 (1): 48.

[3] Black F, Scholes M S. The Pricing of Options and Corporate Liabilities [J]. Journal of Political Economy, 1973, 81 (3): 637-654.

[4] Brennan, Michael J, Schwartz, Eduardo S. Analyzing Convertible Bonds [J]. Journal of Financial & Quantitative Analysis, 1980, 15 (4): 907-929.

[5] Brigham E F. An Analysis of Convertible Debentures: Theory and Some Empirical Evidence [J]. The Journal of Finance, 2012, 21 (1).

[6] Carayannopoulos P. Valuing Convertible Bonds under the Assumption of Stochastic Interest Rates: An Empirical Investigation [J]. Quarterly Journal of Business & Economics, 1996 (35).

[7] Cox J C, Ingersoll J E, Ross A S A. A Theory of the Term Structure of Interest Rates [J]. Econometrica, 1985, 53 (2): 385-407.

[8] Cox J C, Ross S A, Rubinstein M . Option Pricing: A Simplified Approach [J]. Journal of Financial Economics, 1979, 7 (3): 229-263.

[9] Duffie D, Singleton K J . Modeling Term Structures of Defaultable Bonds [J]. Review of Financial Studies, 1999, 12 (4): 687-720.

[10] Davis M, Lischka F. Convertible Bonds with Market Risk and Credit Risk [J]. Studies in Advanced Mathematics, 2002 (26).

[11] Derman Emanuel. Valuing Convertible Bonds as Derivatives [Z]. Goldman-Sachs Quantitative Strategies Research Note, 1994.

[12] Dubrov B. Monte Carlo Simulation with Machine Learning for Pri-

cing American Options and Convertible Bonds [J]. Available at SSRN 2684523, 2015.

[13] Duffie D, Singleton K J. Modeling Term Structures of Defaultable Bond [J]. Social Science Electronic Publishing.

[14] Frankle A W. An Estimate of Convertible Bond Premiums: Comment [J]. Journal of Financial & Quantitative Analysis, 1975, 10 (2): 369-373.

[15] Hull J C, White A D. Using Hull-White Interest Rate Trees [J]. Journal of Derivatives, 1996, 3 (3): 26-36.

[16] Ingersoll J. An Examination of Corporate Call Policies on Convertible Securities [J]. Journal of Finance, 1977, 32 (2): 463-478.

[17] Jarrow R A, Turnbull S M. Pricing Derivatives on Financial Securities Subject to Credit Risk [J]. The Journal of Finance, 1995 (50): 53-85.

[18] Mcconnell J J, Schwartz E S . LYON Taming [J]. Journal of Finance, 1986, 41 (3): 561-576.

[19] Johnson H. Options on the Maximum or the Minimum of Several Assets [J]. Journal of Financial & Quantitative Analysis, 1987, 22 (3): 277-283.

[20] Jonathan E, Ingersoll, et al. A Contingent-claims Valuation of Convertible Securities-Science Direct [J]. Journal of Financial Economics, 1977, 4 (3): 289-321.

[21] Kariya T, Liu R Y. Options, Futures, and Other Derivatives [M]. Asset Pricing, 2003.

[22] King, Raymond. Convertible Bond Valuation: An Empirical Test [J]. Journal of Financial Research, 1986, 9 (1): 53-69.

[23] Lee H S B. Term Structure Movements and Pricing Interest Rate Contingent Claims [J]. Journal of Finance, 1986, 41 (5): 1011-1029.

[24] Longstaff F A, Schwartz E S. Valuing American Options by Simulation: A Simple Least-Squares Approach [J]. Review of Financial Studies, 2001, 14 (1): 113-147.

[25] Merton R C. On the Pricing of Corporate Debt: The Risk Structure of Interest Rates [J]. Working Papers, 1973, 29 (2): 449-470.

[26] Mumey G A. Premiums on Convertible Bonds: Comment [J]. Journal of Finance, 1970 (25).

[27] Pfeffer H D M. Convertible Bonds: Model, Value Attribution, and Analytics [J]. Financial Analysts Journal, 1996, 52 (5): 35-44.

[28] Que W A V. The Valuation of Convertible Bonds [J]. Journal of Finance, 1973, 28 (3): 713-732.

[29] Merton R C . Theory of Rational Option Pricing [J]. Bell Journal of Economics & Management Science, 1973, 4 (1): 141-183.

[30] Roman, L, Weil, et al. Premiums on Convertible Bonds [J]. The Journal of Finance, 2012, 23 (3): 445-463.

[31] Schwartz M J B S. Convertible Bonds: Valuation and Optimal Strategies for Call and Conversion [J]. Journal of Finance, 1977, 32 (5): 1699-1715.

[32] Tsiveriotis K, Fernandes C. Valuing Convertible Bonds with Credit Risk [J]. Journal of Fixed Income, 1998 (8): 95-102.

[33] Yigitbasioglu A B. Pricing Convertible Bonds with Interest Rate, Equity, Credit and FX Risk [J]. Finance, 2002, 23 (3): 382-384.